# सूर संचयिता

महात्मा गांधी अन्तरराष्ट्रीय हिन्दी विश्वविद्यालय

# सूर संचयिता

*चयन एवं संपादन*

मैनेजर पाण्डेय

राजकमल प्रकाशन
नयी दिल्ली पटना इलाहाबाद

ISBN : 978-81-267-2257-0

**मूल्य** : ₹ 250

**पहला संस्करण** : 2012

**प्रकाशक** : राजकमल प्रकाशन प्रा.लि.
1-बी, नेताजी सुभाष मार्ग
नई दिल्ली-110 002

**शाखाएँ** : अशोक राजपथ, साइंस कॉलेज के सामने, पटना-800 006
पहली मंजिल, दरबारी बिल्डिंग, महात्मा गांधी मार्ग, इलाहाबाद-211 001

वेबसाइट : www.rajkamalprakashan.com
ई-मेल : info@rajkamalprakashan.com

**आवरण** : महेश्वर

**मुद्रक** : बी.के. ऑफसेट
नवीन शाहदरा, दिल्ली-110 032

SOOR SANCHAYITA
*Edited by* Manager Pandey

# भूमिका

## 1

किसी कवि के जीवन-चरित की आधारभूत सामग्री दो रूपों में प्राप्त होती है : (क) अंतःसाक्ष्य और (ख) बाह्य साक्ष्य। जब किसी कवि की रचनाओं के बीच उपलब्ध आत्मचरितात्मक कथन-सूत्रों के आधार पर उसकी जीवनी पल्लवित की जाती है तो उससे निकले निष्कर्ष विशेष प्रामाणिक और विश्वसनीय होते हैं। किंतु सूरदास जैसे भक्त कवियों के काव्य में ऐसी जीवन-सामग्री का अभाव ही है।

'ईशावास्यमिदं एवं यत्किंचित् जगत्यां जगत्' मानने वाला भक्त, जिसने एकांत भाव से अपने संपूर्ण अस्तित्व का कृष्णार्पण कर दिया हो और जिसने स्वात्म को विस्तृत कर विश्वात्म में परिणत कर दिया हो; वह हम-हमार के प्रपंचों में पड़कर अपने जीवन और जागतिक कृत्यों की मुखर अभिव्यक्ति कर अपनत्व को प्रतिष्ठित करने के प्रयास में क्यों संलग्न हो? यही कारण है कि सूरदास और उनके जैसे अन्य भक्त कवियों ने अपने काव्य में अपना 'दैन्य' ही निवेदित किया है, अपना जीवन-चरित नहीं लिखा है। उन्हें तो हरिलीला-गान की लगन लगी थी, आत्मचरित-निदर्शन का अवसर कहाँ था? सूर-साहित्य के अंतःसाक्ष्य के आधार पर सूरदास का सम्यक् जीवन-चरित निर्मित नहीं हो पाता है।

प्राचीन भारतीय कवियों ने तो अपने कृतित्व में ही अपना जीवनरस उड़ेल दिया है, कृति और कर्ता एकरस हो गए हैं—कहियत भिन्न न भिन्न। सूरदास के साहित्य से उनके जीवन-संबंधी सही और प्रामाणिक सूत्र प्राप्त नहीं होते हैं। सूर-साहित्य में जो आत्मचरितात्मक कथन हैं, उनका अभिधार्थ ग्रहण करना उचित नहीं है। सूरदास के जीवन-संबंधी अधिकांश सूत्र उनके विनय के पदों में अन्वेषित होते हैं जो सूर की भक्ति-भावना के विकास के प्रथम सोपान की उपज हैं। यहाँ भक्त संसार की निस्सारता की अभिव्यक्ति करता है,

जिसमें विषयासक्ति, लोभ, अहंकार, माया आदि की निरर्थकता तथा ईश्वर-तत्व की हानि और मृत्यु की भयानकता का बोध व्यक्त हुआ है। भक्त यहाँ आत्म-निवेदन और आत्मालोचन के द्वारा जगत्-निवेदन और जगत-आलोचन करता है। वह भक्त और भगवान के संबंध-निरूपण के पूर्व भक्त और संसार का संबंध निरूपित करता है और इसी क्रम में वह माया, सामान्य अंधत्व प्रत्येक भक्त के लिए संसारासक्ति से मुक्ति का प्रेरक तत्व है। इसलिए सूर के विनय के पदों में प्राप्त आत्मचरितात्मक संकेत-सूत्रों से निर्मित उनकी जीवनी प्रामाणिक नहीं कही जा सकती। सूर के पदों में प्राप्त उनके जीवन-संकेतों के आधार पर ही विद्वानों ने कभी-कभी अनोखे निष्कर्ष निकाले हैं। कभी-कभी जब सूर के किसी पद विशेष में आलोचक को अपने मत के विरोध में कोई तत्व या तथ्य आभासित होता है तब उस पद को ही वह अप्रामाणिक घोषित कर देता है। सूरदास की जीवनी के कुछ संकेत **सूरसारावली** और **साहित्य-लहरी** में उपलब्ध हैं जिनका विभिन्न विद्वानों ने उपयोग किया है। एक तो सूरसारावली और साहित्य-लहरी को सूर साहित्य के कई आलोचक सूर की प्रामाणिक रचनाएँ मानने को ही तैयार नहीं है, दूसरे साहित्य-लहरी के दो पदों (109, 118) में पद संख्या 118 को अधिकांश विद्वान अप्रामाणिक और प्रक्षिप्त मानते हैं तथा पद संख्या 109 के इतने विरोधी और विभिन्न अर्थ किए गए हैं कि उसके आधार पर भी कुछ सही तथ्य नहीं निकलते। इसलिए सूर की जीवनी के निर्णय में उनके साहित्य से कोई विशेष सहायता नहीं मिलती है।

सूरदार की जीवनी की विधायक सामग्री के बाह्य साक्ष्य के रूप में सर्वाधिक महत्वपूर्ण अंश पुष्टिमार्ग के सांप्रदायिक साहित्य में उपलब्ध है। सांप्रदायिक साहित्य में मूल वार्ता तथा उसकी टीकाएँ हैं। वार्ता-साहित्य के सांप्रदायिक और भावात्मक दृष्टिकोण के कारण उसमें तथ्य कम और अतिरंजनाएँ अधिक हैं। प्रभुदयाल मित्तल के अनुसार, "गोकुलनाथ जी एवं हरिराय जी दोनों का अभिप्राय इन वार्ताओं द्वारा पुष्टि-संप्रदाय के आचार्यों और उनके भक्तों के महत्व की वृद्धि करना एवं उनकी जीवन-घटनाओं को इस रूप में उपस्थित करना था कि संप्रदाय के सेवक उनकी ओर आकर्षित होकर तदनुकूल आचारण कर सकें।[1] इसलिए इस वार्ता-साहित्य से सूरदास की जीवनी का प्रामाणिक रूप निर्मित नहीं हो पाता है। वार्ता-साहित्य के अतिरिक्त **वल्लभ-दिग्विजय, संस्कृत वार्ता-मणिमाला, अष्टसाखामृत, संप्रदाय-कल्पद्रुम, जमुनादास** कृत भाव संग्रह आदि प्रमुख ग्रंथ हैं जिनमें सूरदास के जीवन-संबंधी कुछ तथ्य प्राप्त होते हैं। इनके साथ ही सूरदास

के समकालीन तथा परवर्ती कुछ कवियों की रचनाओं-नाभादासकृत भक्तमाल और उस पर प्रियादास की टीका, ध्रुवदास की **भक्त नामावली,** ठाकुर रघुराजसिंह की **राम रसिकावली**, मियासिंह के **भक्त विनोद** तथा नागरीदास के **नागर समुच्चय** आदि में सूरदास के जीवन पर प्रकाश डालनेवाले कुछ तथ्यों का संकेत मिलता है। इन सबके अतिरिक्त सूरदास के संबंध में प्रचलित जनश्रुतियों ने भी उनके जीवन-चरित को बनाने और बिगाड़ने में सक्रिय सहयोग किया है। तत्कालीन साहित्य के अतिरिक्त आधुनिक काल में विभिन्न अनुसंधित्सुओं के सत्प्रयास से सूर की जीवनी कुछ प्रकाश में आई है। नागरीप्रचारिणी सभा काशी की खोज रिपोर्ट के विवरण से सूर के साहित्य के संबंध में कुछ नवीन सूचनाएँ उपलब्ध हुई हैं। **सूरसागर** के कुछ संपादकों और हिंदी साहित्य के प्रमुख इतिहासकारों ने सूरदास की जीवनी पर विचार किया है। सूर के जीवन और साहित्य के विभिन्न अध्येताओं तथा आलोचकों ने भी सूर के जीवन के संबंध में कुछ नए तथ्यों के अन्वेषण का प्रयास किया है। परंतु इस संपूर्ण विचार-विश्लेषण के बीच से अब भी सूरदास के जीवन-चरित का कोई अंश निरूपित होकर पूर्णतः विवादमुक्त नहीं बन पाया है। सूरदास का जन्मस्थान, जन्म-समय, उनका नाम, अंधत्व और मृत्यु-समय अब भी विवाद के विषय हैं। साथ ही उनके साहित्य की सीमा भी प्रामाणिक रूप से निर्धारित नहीं हो सकी है और जटिल तर्क-जाल तथा अनुमानित निष्कर्षों में सब कुछ उलझ-सा गया है।

## जन्म स्थान

सूरदास की जन्म भूमि के रूप में अब तक निम्नलिखित स्थानों की चर्चा हुई है :

1. गोपाचल (ग्वालियर)
2. मथुरा प्रांत में कोई गाँव
3. रुनकता (आगरा)
4. सीही (दिल्ली)
5. साही (आगरा)

**साहित्य-लहरी** पद संख्या 118 में सूर का वंश-परिचय दिया गया है और उसी में उनका निवास-स्थान गोपाचल बतलाया गया है। इस पद के आधार पर ग्वालियर को गोपाचल मानकर पितांबरदत्त बड़थ्वाल ने गोपाचल को ही सूरदास की जन्मभूमि माना है। इस पद को मुंशीराम शर्मा को छोड़

सूर-साहित्य के शेष सभी आलोचक प्रक्षिप्त मानते हैं। भक्त विनोद में मियासिंह ने सूरदास का जन्म-स्थान मथुरा प्रांत के किसी गाँव के विप्रकुल में स्वीकार किया है :

मथुरा प्रांत विप्रवर गेहा।
मो उत्पन्न भक्त हरि लेहा ॥

हिंदी के अनेक आलोचकों–आचार्य रामचंद्र शुक्ल, डॉ. श्यामसुंदरदास और डॉ. रामकुमार वर्मा आदि ने 'रुनकता' ग्राम को ही सूरदास का जन्म-स्थान माना है। वास्तव में, चौरासी वैष्णवन की वार्ता में सूरदास जी का निवास-स्थान 'गऊ घाट' पर लिखा है, इसलिए ब्रजेश्वर वर्मा ने गऊ घाट को ही उनका निवास-स्थान मान लिया है।[2] सूरदास के जन्म-स्थान के विषय में यद्यपि विवाद समाप्त नहीं हुआ है, किंतु अब गऊ घाट उनके निवास-स्थान के रूप में सर्वमान्य हो गया है। आचार्य हजारी प्रसाद द्विवेदी ने 'रुनकता' या 'रेणुका क्षेत्र' को सूरदास का जन्म-स्थान माना है। **सूर-निर्णय** में द्वारकादास पारीख और प्रभुदयाल मीतल ने गोस्वामी हरिराय कृत **भाव प्रकाश** के आधार पर सूरदास का जन्म-स्थान दिल्ली से चार कोस पर सीही ग्राम को माना है।[3] डॉ. हरवंशलाल शर्मा भी 'सीही' को ही सूरदास की जन्म-भूमि मानते हैं।[4] हरिराय कृत **भाव प्रकाश** में सूरदास के संबंध में अनेक अतिरंजित बातें हैं और कुछ विद्वान भाव प्रकाश की प्रामाणिकता की ही संदेहास्पद मानते हैं। प्रो. कंठमणि शास्त्री ने भाव प्रकाश की प्रामाणिकता पर संदेह व्यक्त किया है। भाव प्रकाश की सूर-वार्ता में लिखा है, "अब श्री आचार्य जी महाप्रभुन के सेवक सूरदास जी (सारस्वत ब्राह्मण दिल्ली के पास सीही ग्राम है तहाँ रहते) तिनके पद गाइयत है, सो गऊ घाट ऊपर रहते।" इसमें 'सारस्वत ब्राह्मण' और 'दिल्ली के पास सीही ग्राम' कोष्ठक के अंदर है, जो मूल लेखक का नहीं हो सकता। संभव है कि लिपिकार ने अपनी ओर से जोड़ दिया हो। प्रभुदयाल मीतल ने इस वार्ता में कोष्ठक के अंदर का भाग हरिराय जी का भावात्मक कथन माना है और इससे यह स्पष्ट है कि उसमें सत्य का अभाव है। हरिराय ने सीही ग्राम की स्थिति बतलाते हुए लिखा है, "दिल्ली के पास चार कोस उरे में एक सीही ग्राम है जहाँ परीक्षित के बेटा जन्मेजय ने सर्पयज्ञ कियो है।" पं. तोताराम शर्मा के अनुसार जन्मेजय ने नागयज्ञ सीही (दिल्ली) में नहीं किया, अपितु पाड़म नामक स्थान पर किया था। यह पाड़म शिकोहाबाद से एटा जानेवाली सड़क पर स्थित है। तोताराम शर्मा के अनुसार, सूरदास का जन्म रेणुका के पास साही ग्राम में हुआ था।[5] उपलब्ध प्रमाणों के आधार पर सूरदास के जन्म स्थान का निर्णय कठिन है, लेकिन गऊ घाट में उनका निवास और गोवर्धन तथा

पारसोली में उनका रहना निश्चित है। अतः ब्रजभूमि को सूरदास की साधना-भूमि मानना चाहिए।

## जन्म-तिथि

सूरदास के जन्म और मृत्यु के समय-निर्धारण के आधार के रूप में **साहित्य-लहरी** के मुनि पुनि रसन के रस लेख वाले पद को अनेक आलोचकों ने स्वीकार किया है, किंतु उस पद के इतने विरोधी अर्थ किए गए हैं कि उनके आधार पर, सूर का जन्मकाल-निर्णय कठिन है। **'वार्ता साहित्य'** और सांप्रदायिक मान्यता के आधार पर यह कहा जाता है कि सूरदास वल्लभाचार्य से वय में दस दिन छोटे थे और वल्लभाचार्य का जन्म समय सं. 1535 वि. की वैशाख शुक्ल 5 मंगलवार माना जा सकता है।[6] डॉ. ब्रजेश्वर वर्मा ने भी सूरदास का जन्म सं. 1535 के आसपास माना है।[7] आचार्य नंददुलारे वाजपेयी ने प्रो. श्री भट्ट के एक निबंध के आधार पर वल्लभाचार्य का जन्म संवत् 1530 वि. में मानकर सूरदास का जन्म-समय भी सं. 1530 ही माना है।[8] डॉ. मुंशीराम शर्मा ने पुष्टिमार्ग के सांप्रदायिक साहित्य में उल्लिखित वल्लभाचार्य के जन्मकाल को संदेहास्पद माना है।[9] डॉ. मुंशीराम शर्मा के अनुसार जब आचार्य वल्लभ का जन्म संवत् ही सांप्रदायिक साहित्य में निश्चित नहीं है तो उसके आधार पर सूरदास का जन्म समय निश्चित करना ठीक नहीं है। उनके अनुसार मंदिरों में मनाए जाने वाले अधिकांश उत्सवों और जयंतियों की तिथियाँ इतिहास से कोई संबंध नहीं रखतीं, इसीलिए उनके आधार पर किसी का काल-निर्णय संभव नहीं है। मुंशीराम शर्मा ने सूरदास का जन्म संवत् 1515 के करीब माना है।[10] डॉ. भंडारकर ने वल्लभाचार्य का जन्म वैशाख कृष्ण 11 संवत् 1535 ही माना है और आचार्य रामचंद्र शुक्ल का भी ऐसा ही मत है। इस प्रकार सूरदास का आविर्भाव काल सं. 1535 को ही मानना अधिक समीचीन है।

## नाम

सूरसागर के पदों में सूरदास के सूर, सूरदास, सूरज, सूरजदास और सूर श्याम, ये पाँच नाम मिलते हैं। कहीं-कहीं सूरसुजान, सूरसरस, सूरजश्याम और सूरजश्यामसुजान भी मिल जाते हैं। इनमें से 'सुजान', 'सरस' आदि विशेषण ही हैं, अतः उनके सूर या सूरज के साथ संयुक्त होने से स्वतंत्र नाम नहीं बन सकते। विचारणीय बात

यह है कि क्या सूर, सूरदास, सूरज, सूरजदास और सूरश्याम ये पाँचों नाम एक ही व्यक्ति के हैं या अलग-अलग पाँच व्यक्तियों के हैं।[11] डॉ. ब्रजेश्वर शर्मा ने सूरज, सूरजदास आदि नामों को सूरदास के मूल नाम का परिवर्तित रूप न मानकर किसी दूसरे व्यक्ति का ही नाम माना है।[12] उनके अनुसार, सूरदास ने विकल्प से सूरज या सूरजदास का व्यवहार नहीं किया वरन् किसी सूरजदास नामक कवि ने सूरदास के पदों में अपनी छाप लगा दी तथा कुछ स्वरचित पद सूरसागर में सम्मिलित कर दिए। ब्रजेश्वर वर्मा सूरदास को सूरदास ही मानते हैं। सूर-निर्णय के लेखकों के अनुसार, सूरदास का नाम सूरज था। सूरज का लघु रूप 'सूर' है, फिर वैष्णवता के कारण सूरजदास, सूरदास अथवा सूरश्याम नाम पड़ गए। इसलिए सूर, सूरदास, सूरजदास और सूरश्याम, ये सभी नाम सूरदास के ही हैं।[13]

हरिराय ने भाव प्रकाश में सूरदास के तीन नाम सूर, सूरदास और सूरश्याम के कारणों की व्याख्या की है। उनके अनुसार, वल्लभाचार्य सूरदास को 'सूर' कहते थे क्योंकि जैसे "सूर होय सो रण में सों पाछे पनांव नाहि देय, जो सबसों आगे चलो तैसेई सूरदास जी की भक्ति दिन-दिन चढ़ती दिसा भई।" यहाँ सूरदास के सूर नाम के कारण का विवेचन अद्भुत और असंतोषजनक है। सूर की भक्ति वीर की वीरता की भाँति अनुदिन वृद्धिमान हुई, अतः वल्लभाचार्य ने उन्हें सूर नाम दिया। नाम की यह व्याख्या अत्यंत विचित्र है। हरिराय जी के ही अनुसार सूर को बिट्ठलनाथ जी सूरदास कहते थे, क्योंकि "सो दास भाव में कबहूँ घटै नाही। ज्यों ज्यों अनुभव अधिक भयो, त्यों त्यों सूरदास जी को दीनता अधिक भई।" सूर की भक्ति-भावना के विकास और निरंतर साधना के फलस्वरूप उनमें दीनता (दैन्य) की अभिवृद्धि हुई, यह कहना ठीक नहीं प्रतीत होता। वार्ता-साहित्य के अनुसार ही वल्लभाचार्य से भेंट के समय ही सूर की दीनता, उनका 'घिघियाना' समाप्त हो गया। सूर की भक्ति-भावना शांत, दास्य, सख्य और वात्सल्य के विविध सोपानों को पार करती हुई माधुर्य की सिद्धि तक पहुँची थी। अतः उनमें अनुदिन दैन्य की अभिवृद्धि की खोज का कोई औचित्य नहीं है। सूरश्याम छाप वाले पदों को हरिराय ने स्वयं श्रीकृष्ण द्वारा रचित बताया है। इस तर्क के पीछे केवल सूर की भक्ति-भावना का माहात्म्य-प्रदर्शन और सूरश्याम छाप वाले पदों को प्रामाणिक बनाने का आग्रह है। सूरदास की मृत्यु के करीब सौ वर्ष बाद नाम के कारणों की व्याख्या का जो प्रयास किया गया है उसमें तथ्य कम और कल्पना का योग अधिक है। सूरदास का वास्तविक नाम 'सूरदास' ही प्रतीत होता है और सूर तथा सूरश्याम आदि उसी के पदों की गेयता के अनुरूप परिवर्तित रूप है।

विनाशोन्मुख व्यवस्था और वस्तु के प्रति व्यक्ति का मोह बढ़ जाता है। भारत में व्यक्ति का कम और जाति का अधिक महत्व है। यहाँ उन भक्तों को भी जाति-निर्णय के प्रपंच से गुजरना पड़ता है जो स्वयं जाति-भेद के विरोधी थे। भक्तों की तो एक ही जाति है, उनका एक ही परिचय है कि वे भक्त हैं और भगवान ही उनके सर्वस्व हैं। सूर की कविता में संप्रदाय और जाति का आग्रह नहीं है। वहाँ तो एक भावात्मक धरातल पर समान अनुभूति में निमग्न संपूर्ण समाज या पूर्ण व्यक्ति है। आलोचकों के बहुत प्रयास के बावजूद सूरदास किसी जाति के घेरे में नहीं आ सके। यह एक आश्चर्य की बात है कि चौरासी वैष्णवन की वार्ता में अधिकांश भक्तों की जाति का स्पष्ट उल्लेख है, किंतु सूरदास जैसे संप्रदाय के प्रसिद्ध भक्त की जाति का कोई संकेत नहीं है। सूरदास के पदों में भी जाति-संबंधी कोई स्पष्ट कथन नहीं होने के कारण उनकी जाति का निर्णय अनुमान का विषय है।

श्री चंद्रबली पांडेय ने सूरसागर के एक पद *'हरि जू, हौं या तैं दुख पात्र'* के आधार पर सूरदास को जाट बतलाते हुए लिखा है कि हमारी दृष्टि में यह पद बड़े महत्व का है। इसमें जिस व्यक्ति का परिचय दिया गया है यदि वह प्रतीक के रूप में न होकर व्यक्ति के रूप में है तो हमें यह कहने में संकोच नहीं होता कि उसमें सूर का आत्म-जीवन है। *'ऐसे कुमति जाट सूरज को प्रभु बिनु कोउ न धात्र'* में जाट का अर्थ 'जपाट' भी हो सकता है और जाट भी। जाट का अर्थ जाट ही है, इसे कहने में कोई दोष नहीं दिखाई देता। इसके साथ ही चंद्रबली पांडेय ने सूरसागर के दो पदों *'हरि, हौं ऐसा अमल कमायो'* और *'सांचों सो लिखहार कहावे'* में आए अरबी-फारसी के शब्दों तथा *'प्रभु जू, यौं कीन्हीं हम खेती'* में कृषि व्यवस्था का ज्ञान और सूर में शूरता के आधार पर सूरदास को धनाढ्य जाट जमीनदार के रूप में स्वीकार किया है।[14] चंद्रबली पांडेय ने जिस पद के आधार पर सूरदास को जाट माना है, डॉ. ब्रजेश्वर वर्मा उस पद को ही प्रक्षिप्त मानते हैं।[15]

डॉ. ब्रजेश्वर वर्मा ने अंतःसाक्ष्य के आधार पर यह सिद्ध करने का प्रयास किया है कि सूरदास को ब्राह्मण नहीं माना जा सकता, क्योंकि सूरसागर में ब्राह्मण और ब्राह्मणत्व के प्रति आदर नहीं, उदासीनता ही व्यक्त हुई हैं श्रीधर अंग-भंग के पद में सूरदास ने ब्राह्मण के जिस रूप का परिचय दिया है, उससे विप्रत्व के प्रति सम्मान की भावना प्रकट नहीं होती। श्रीधर अंग-भंग का संपूर्ण प्रसंग सूर की अपनी उद्भावना है जिसमें अत्यंत क्रूरकर्मी ब्राह्मण की चर्चा हुई

है। 'पांडे आगमन' प्रसंग के दो पदों में छुआछूत की व्यर्थता और ब्राह्मण की संकीर्ण मनोवृत्ति की व्यंजना हुई है। इसके अतिरिक्त हरिराय जी के भाव प्रकाश में उल्लिखित सूर की जाति की प्रामाणिकता पर डॉ. ब्रजेश्वर वर्मा ने संदेह प्रकट किया है। ब्रजेश्वर वर्मा ने सूरदास को ढाढ़ी या जग्गा जाति का मानते हुए लिखा है कि सूरदास कदाचित ब्राह्मण नहीं थे, संभव है वे ढाढ़ी, जग्गा या ब्रह्मभट्ट हों। यह भी संभव है कि ब्रह्मभट्ट होने के नाते परंपरागत कवि वंशज सूर-सरस्वतीपुत्र सारस्वत नाम से विख्यात हो गए हों, जो कालांतर में सहज ही भक्तों द्वारा सारस्वत ब्राह्मण कर लिया गया हो।[16] ब्रजेश्वर वर्मा ने सूरदास के ढाढ़ी, जग्गा या ब्रह्मभट्ट होने की संभावना की है, लेकिन सूरदास इनमें से कोई भी नहीं ज्ञात होते हैं; क्योंकि सूर को ढाढ़ी, जग्गा या ब्रह्मभट्ट सिद्ध करने के लिए कोई पुष्ट प्रमाण नहीं है। सूरदास जन्म के नहीं, कर्म के ढाढ़ी हो सकते हैं क्योंकि वे कृष्ण के बालरूप के उपासक हैं और वे कृष्ण-जन्मोत्सव के अवसर पर नंद से जो विदाई मांगते हैं वह निरे ढाढ़ी की नहीं, भक्त की है। ढाढ़ी के रूप में सूरदास नंद के यहाँ अर्थ की कामना नहीं करते; वे अन्न, वस्त्र या कोई भी संपत्ति नहीं चाहते। उन्हें श्रीकृष्ण के बालरूप का दर्शन चाहिए, जो भक्त का काम्य है :

संपति देहु, लेहुँ नहिं एकौ, अन्न-वस्त्र किहिं काज?
जो मैं तुम सो मांगन आयो, सो लैहों नंदराज।
अपने सुत को वदन दिखावहु, बड़े महर सिरताज।
तुम साहब, मैं ढाढ़ी तुम्हरो, प्रभु मेरे ब्रजराज।
चंद्र-वदन-दरसन-संपति दे, सो मैं लै घर जाऊँ।
जो संपति सनकादिक दुरलभ, सो हैं तुम्हरे ठाउँ ॥ 654 ॥

सूरदास सामान्य ढाढ़ी की भाँति अर्थार्थी नहीं हैं। उनकी तो कामना है कि भक्ति देहु, पालनै झुलाऊँ सूरदास बलि जाई। डॉ. हरवंशलाल शर्मा के अनुसार, वल्लभ संप्रदाय की सेवा-प्रणाली में राधाष्टमी के दिन ढाढ़ी बनने की प्रथा है।[17] अष्टछाप के अन्य कवि कृष्णदास, चतुर्भुजदास और नंददास के भी ऐसे पद उपलब्ध हैं जिनके आधार पर उन्हें भी ढाढ़ी कहना होगा। इसके अतिरिक्त सूरदास में ढाढ़ी अपनी ढाढ़िन के साथ नंद के दरवाजे पर पहुँचता है। अगर सूरदास को इस ढाढ़ी प्रसंग के आधार पर ढाढ़ी जाति का माना जाए तो उन्हें सपत्नीक भी माना जा सकता है।

मुंशीराम शर्मा ने साहित्य-लहरी की पद संख्या 118 के आधार पर सूरदास को सारस्वत ब्रह्मभट्ट माना है। यों तो साहित्य-लहरी को ही अधिकांश

आलोचक सूर की रचना नहीं मानते, किंतु पद संख्या 118 को मुंशीराम शर्मा के अतिरिक्त प्रायः सभी आलोचक अप्रामाणिक मानते हैं। अतः उस पद के आधार पर सूर का जाति-निर्णय उचित नहीं है। सूर-निर्णय के लेखकों ने अष्टसखामृत और हरिराय के भाव प्रकाश के आधार पर सूरदास को सारस्वत ब्राह्मण माना है।[18] सूरदास अंतर्साक्ष्य के आधार पर ब्राह्मण, ढाढ़ी या जाट सिद्ध नहीं ही किए जा सकते, क्योंकि विनय के पदों में उनके आत्मचरितात्मक कथनों से उनकी प्रामाणिक जीवनी निर्मित नहीं हो सकती। यह ठीक है कि सूरदास जिस समाज में पैदा हुए थे वह जातियों में बँटा हुआ समाज था, इसलिए सूरदास जाति के घेरे से बाहर नहीं हो सकते। लेकिन अगर सूरदास की जाति का ठीक-ठीक पता नहीं चलता तो इससे उनकी कविता को समझने में कोई कठिनाई नहीं होती।

सूरदास के वंश-परिचय का विवरण वार्ता-साहित्य का अन्य किसी प्रामाणिक स्रोत से उपलब्ध नहीं है। साहित्य-लहरी के जिस पद के आधार पर सूर का वंश-परिचय प्रस्तुत करने का प्रयास किया गया है वह पद ही अप्रामाणिक है। सूरदास मदनमोहन, वित्वमंगल और महाकवि सूरदास के जीवन-चरित्र का जन श्रुतियों के द्वारा ऐसा मिश्रण हो गया है कि उसके आधार पर जब कभी आलोचकगण अनुमान और तर्क के सहारे सूर का वंश-परिचय देने का प्रयास करते हैं तो वह बौद्धिक दुराग्रह ही लगता है।

### अंधत्व

नाभादास जी ने भक्तमाल में सूरदास के संबंध में यह छप्पय लिखा है :

उक्ति, चोज, अनुप्रास, वरन, अस्थिति अति भारी।
वचन प्रीति निर्वाह अर्थ, अद्भुत तुक धारी॥
प्रतिबिम्बित दिवि दिष्टि, हृदय हरि-लीला भासी।
जनम करम गुन रूप, सवै रसना परकासी॥
बिकल बुद्धि गुन और की, जो वह गुन स्रवननि करै।
सूर-कवित सुन कौन कवि, जो नहिं सिर चालन करै॥

सूरदास के संबंध में नाभादास की यह उक्ति सूर-साहित्य के बारे में पूर्णतः सच है। सूर-साहित्य में जो हरि-लीला का गायन है, वह सूर की आत्मा की आवाज है और उसमें जो रूप है वह सूर की आत्मा में प्रतिबिम्बित राधा-कृष्ण की रूप-माधुरी की अभिव्यक्ति है। जहाँ सूर-साहित्य में भाव-जगत् है वह सूर के

भाव-जगत् का ही प्रतिरूप है जिसके लिए बाह्य उपकरण उतने महत्वपूर्ण नहीं है जितनी उनकी अंतरात्मा की अनुभूति। परंतु सूर-साहित्य में जिस वस्तु-जगत की चर्चा है, वह सूर की अनुभूति की वस्तु होकर भी अपना स्वतंत्र अस्तित्व रखती है और इस वस्तु-जगत के ग्रहण के लिए इंद्रिय-संवेदनाओं की आवश्यकता है। विभिन्न इंद्रियों के माध्यम से गृहीत रूप, रस, गंध, शब्द और स्पर्श का कवि के अंतर्जगत् में जो रूप निर्मित होता है, कवि का अंतःकरण ही उसका विधायक और प्रमाण है, किंतु वस्तु-जगत् का संवेदनाओं के माध्यम से ग्रहण और उसके प्रत्यक्षीकरण के लिए इंद्रियों की आवश्यकता है। क्रांतदर्शी व्यक्ति की भी वस्तु के सच्चे स्वरूप को अपनी अंतर्दृष्टि से ग्रहण करने के लिए इंद्रिय-संवेदनाओं का सहारा लेना पड़ता है। नाभादास जी के छप्पय से यह ज्ञात होता है कि सूरदास दिव्यदृष्टि संपन्न थे।

यह निश्चित है कि सूरदास अंधे थे। किंतु वे जन्मांध थे या बाद में अंधे हुए थे, यह विवादास्पद है। सूर को जन्मांध मानने वाले सूर-निर्णय के लेखकों ने एक तर्क दिया है कि श्रुतियों के अनुसार, ब्रह्म का स्वरूप 'सर्वरसमय' है, अतः सिद्ध भक्त को उसके बोध से काव्य-शास्त्रोक्त दसों रसों का अनुभव हो जाता है।[19] इस संबंध में पहली बात यह है कि कवि रचनाकाल में विभाव-भूमि में ही रहता है, रस-भूमि में नहीं प्रवेश करता। रसानुभूति का अधिकारी तो सहृदय सामाजिक है। रस का संबंध स्रष्टा से नहीं, द्रष्टा से है। दूसरी बात यह है कि आस्वाद-प्रक्रिया और परिणाम की दृष्टि से ब्रह्मरस और काव्यरस एक ही नहीं हैं। अतः रसरूप श्रीकृष्ण के स्वरूप-बोध के कारण सूरदास को काव्य के रसों का अनुभव प्राप्त हो गया था, ऐसा कहना ठीक नहीं प्रतीत होता। ब्रह्मबोध काव्यरस-बोध का कारण नहीं हो सकता है।

सूर-निर्णय के लेखकों ने सूर को जन्मांध नहीं मानने वालों से दो प्रश्न, जो एक ही प्रश्न के दो रूप हैं। उन्होंने पूछा है : क्या सूरदास के पदों में वात्सल्य और शृंगार के आधार पर श्रीकृष्ण का जो वैभवशाली भव्य रूप अंकित है उसके कारण सूर को भुक्तभोगी मानें और वात्सल्य और शृंगार के संयोग और वियोग में नारी हृदय की जो मार्मिक विवृति हुई है, उससे उन्हें नारी जानें।[20] काव्य-सर्जन में कवि की सफलता अनुभूति और अभिव्यक्ति की एकता में निहित है। सूरदास ने अपनी सक्रिय रचनात्मक प्रतिभा या कल्पना के सहारे अपने पात्रों के अंतर्जगत से अपना तादात्म्य स्थापित कर उसका उद्घाटन किया है। यशोदा या गोपी का व्यक्तित्व उतना महत्वपूर्ण नहीं है जितना मातृभाव है। जब हजारी प्रसाद द्विवेदी कहते हैं कि सूर वयप्राप्त बालक थे या उनको मातृहृदय का मर्म ज्ञात था तो

उनका संकेत सूर के अंतर्जगत् का कृष्ण या यशोदा के अंतर्जगत् से तादत्म्य ही है। कवि अनुभूति के स्तर पर अपने पात्रों के भावों का सहभोक्ता है लेकिन यह भोग भाव-जगत् का है, वस्तु-जगत का नहीं। सूरदास द्वारा कृष्ण के वैभवशाली स्वरूप के अंकन और नारी-हृदय के अनेक मार्मिक पक्षों के उद्घाटन में परंपरा का योग है और उनकी कारयित्री प्रतिभा की क्रियाशीलता का सहयोग भी है। अतः उन्हें भाव के भुक्तभोगी होने के लिए शारीरिक स्तर पर भुक्तभोगी होने की आवश्यकता नहीं है। काव्य में भावानुभूति, भावबोध या भावतन्मयता और व्यक्तित्व के आत्मसाक्षात्कार या मानस प्रत्यक्षीकरण की प्रक्रिया महत्वपूर्ण है।

सूर-साहित्य के आलोचकों में सूर के अंधा होने के संबंध में पर्याप्त मतभेद है। कुछ विद्वान सूरदास को अंधा मानते हैं; किंतु उन्हें जन्मांध नहीं मानते। ऐसे आलोचकों में मिश्रबंधु, श्यामसुंदरदास, डॉ. बेनीप्रसाद, नलिनीमोहन सान्याल आदि हैं। आचार्य नंददुलारे वाजपेयी ने सूर-संदर्भ में लिखा है कि यह कहने का साहस नहीं होता है कि सूरदास ने बिना अपनी आँखों से देखे केवल कल्पना से ये सब लिखा है। लेकिन महाकवि सूरदास में उन्होंने सूरदास को जन्मांध सिद्ध किया है।[21] चंद्रबली पांडेय ने सूरदास को जन्मांध नहीं माना है। उनके अनुसार, सूरदास जन्मांध नहीं थे। हाँ, धीरे-धीरे अंधे हो गए।[22] डॉ. ब्रजेश्वर वर्मा के मतानुसार, सूरदास वृद्धावस्था के निकट अंधे हुए थे। किंतु डॉ. दीनदयाल गुप्त ने सूरदास के बाल्यावस्था में अंधा होने का अनुमान किया है। कुछ आलोचकों ने पुष्टिमार्ग के संप्रदायिक साहित्य और सूरदास के पदों के आधार पर उन्हें जन्मांध सिद्ध करने का प्रयास किया है। सूर-निर्णय के लेखकों ने भाव प्रकाश के आधार पर सूर को जन्मांध माना है। गोकुलनाथ ने चौरासी वैष्णवन की वार्ता में सूरदास के जन्मांध होने का कोई उल्लेख नहीं किया है, किंतु हरिराय ने उसकी व्याख्या में जनश्रुति, अनुमान या कल्पना के सहारे सूरदास को जन्मांध लिखा है। मूल वार्ता से ऐसा ज्ञात होता है कि गोकुलनाथ जी को सूरदास के पुष्टिमार्ग में दीक्षित होने के पूर्व के जीवन में कोई विशेष अभिरुचि नहीं थी। सूर की मृत्यु के करीब सौ वर्ष बाद जब हरिराय ने सूरदास की जीवनी पर विचार करना शुरू किया तो उन्होंने सूरदास और अपने संप्रदाय के सम्मान की वृद्धि के लिए अपनी कल्पना के सहारे सूर का जीवन-चरित गढ़कर उसमें अनेक चमत्कारिक घटनाओं का समावेश कर दिया। हरिराय के बाद संप्रदाय से प्रभावित जिन भक्त कवियों ने सूर की जीवनी की चर्चा की, उनका आधार या तो जनश्रुतियाँ थीं या हरिराय जी का भाव प्रकाश। सूरदास को जन्मांध मानने के प्रमाण के रूप में सूरसागर के कुछ पदों और पद्यांशों को उद्धृत किया है जिनमें सूर ने अपने को जन्मांध

कहा है। इन पदों का अभिधार्थ स्वीकार नहीं किया जा सकता क्योंकि अगर सूर ने अपने को 'जनम को अंधौ' 'जनम को आंधरो' 'जन्म-अंध' कहा है तो दूसरे पदों में 'हौं तो पत्ति सात पीढ़ी को', 'सब पत्तिन को टिकौ', तथा सूरदास की एक आँख है 'ताहू में कछु कानौ', 'द्वैलोचन साबित नहि तेऊ' भी कहा है। इसलिए सूर के पदों का अभिधार्थ लेकर अगर उन्हें जन्मांध कहा जा सकता है तो उनके पदों के आधार पर ही उन्हें 'पत्ति' और 'काना' भी कहना चाहिए। विनय के पदों में सूरदास मूर्तिमान विनय ही हैं, अतः वहाँ उनके किसी आत्म-कथन का अभिधार्थ ग्रहण कर सूर का जीवन-चरित नहीं गढ़ा जा सकता। डॉ. हरवंशलाल शर्मा ने सूरदास को 'इतिहास पुष्ट प्रमाणों के अभाव में' जन्मांध स्वीकार किया है।

इन सब विद्वानों से अलग कृष्णपिच्छुमणि ने अपने एक निबंध में यह सिद्ध करने का प्रयास किया है कि सूरदास न केवल दिव्यचक्षु थे, बल्कि बाह्य विषयों को भी देखने-समझने वाले सनेत्र महाकवि थे। उन्होंने 'सूर' शब्द को संस्कृत 'सूरि' का अपभ्रंश माना है। उनके अनुसार, वैदिक काल से ही भगवान के गुणगान करने वालों तथा भगवान को सदा सर्वत्र दर्शन करने वालों को 'सूरि' संज्ञा दी गई है—तदि वष्णोः परं पदं सदा पश्यति सूरयः। अतः श्रीकृष्ण का हमेशा दर्शन करने वाले सूरसागर के कवि को सूरदास संज्ञा देना उचित ही है। यह भी स्मरण रखने की बात है कि कोई भी समालोचक आज तक सूरदास का असली नाम न बता सका। अतः 'सूर' शब्द को अंधा अर्थ में लेकर उन्हें जन्मांध, बाल्यांध अथवा वृद्धावस्था में अंधा कह देना सूरदास के साथ बड़ा अन्याय होगा, उल्टे उनके रास के पद इस बात के प्रमाण हैं कि सूरदास भगवल्लीला का स्वयं साक्षात्कार करके वर्णन करते हैं।[23] यह निबंधकार सूरदास की जन्मांधता के अतिवाद का खंडन कर उन्हें आजीवन सनेत्र सिद्ध करने के अतिवाद का शिकार हो गया है। सूरदास संप्रदाय में दीक्षित होते समय अंधे थे, इस तथ्य को सभी आलोचक स्वीकार करते हैं। निश्चय ही तथ्य, तर्क और बुद्धि से आँख मूँदकर सूर की आँखों के अनुसंधान का परिणाम होगा—'अंधे अंधा ठेलियाँ दुन्यो कूप पड़ंत।' रूपोपासक सूर का रूप के वाहक नेत्रों से विशेष लगाव होना स्वाभाविक है। जब किसी कलाकार या कवि की एक इंद्रिय शिथिल या असमर्थ हो जाती है तो उसके प्रति कवि का ममत्व या मोह बढ़ जाता है तथा वह दूसरी इंद्रियों की संवेदनाओं से क्षतिपूर्ति का प्रयास करता है। यही कारण है कि सूर-साहित्य में आँखों का अत्यंत सम्मोहक अंकन है और काव्य के रूप पक्ष की अपेक्षा संगीत के सहारे नाद पक्ष पर अधिक बल भी दिया गया है।

## सूर का प्रारंभिक जीवन एवं दीक्षा

सूर के आरंभिक जीवन का स्वरूप इतिहास पुष्ट प्रमाणों के अभाव में जनश्रुतियों और आलोचकों के अनुमान का ही विषय बना हआ है। सूरदास ने अपने काव्य में दांपत्य-प्रेम और स्त्री-पुरुष के संबंध का जो यथातथ्य सूक्ष्म विवरण दिया है, उसके आधार पर डॉ. ब्रजेश्वर वर्मा का यह अनुमान है कि कदाचित उन्होंने कभी दांपत्य जीवन का भोग किया होगा।[24] इसके विपरीत पारीख और मीतल ने हरिराय के भाव प्रकाश के आधार पर सूरदास को छह वर्ष की अवस्था से ही गृहत्यागी संत माना है।[25] ब्रजेश्वर वर्मा के अनुमान का कोई प्रामाणिक आधार नहीं है और साथ ही साथ भाव प्रकाश में भी तथ्य के बदले कल्पना की ही प्रधानता है। सूरदास के जीवन और शिक्षण की कोई प्रामाणिक रूपरेखा उपलब्ध न होने पर भी उनका सूरसागर उनकी प्रतिभा, काव्य तथा संगीत विषयक उनके ज्ञान और विदग्धता का प्रत्यक्ष प्रमाण है।

चौरासी वैष्णवन की वार्ता में सूरदास की जीवनी मथुरा और आगरा के मध्यवर्ती जमुना के किनारे गऊघाटनामक स्थान पर उनके निवास से प्रारंभ होती है, जहाँ वल्लभाचार्य से उनकी भेंट हुई थी। वल्लभाचार्य ने सूरदास को दीक्षा दी और श्रीमद्भागवत के दशम स्कंध की लीला की ललित झाँकी भी दिखाई। वल्लभाचार्य और सूरदास के इस संपर्क के समय पर विद्वान एकमत नहीं हैं। आचार्य रामचंद्र शुक्ल के अनुसार, वल्लभाचार्य और सूरदास की भेंट का समय सं. 1580 वि.के आपास है।[26] पारीख और मीतल ने श्रीनाथ जी की प्राकट्य वार्ता में उल्लिखित सूरदास के दीक्षा काल सं. 1577 वि. को भ्रामक बताते हुए वल्लभ दिग्विजय के आधार पर सूर का शरण-काल सं. 1567 वि. निश्चित किया है।[27] सूर-निर्णयकारों ने श्रीनाथ जी की प्राकट्य वार्ता में उल्लिखित सूरदास के शरणकाल सं. 1577 को सर्वथा भ्रामक होने का जो कारण दिया है वह भी निर्भ्रान्त नहीं है। पारीख और मीतल के अनुसार यदि सूरदास संवत् 1577 वि. में वल्लभ संप्रदाय में सम्मिलित हुए होते तब उनके द्वारा सं. 1572 में गोस्वामी विट्ठलनाथ के प्राकट्य अवसर पर गाया हुआ बधाई का पद किस प्रकार उपलब्ध होता। सूरदास ने आजीवन भगवत् यश-वर्णन ही किया, वल्लभाचार्य का भी यश-वर्णन नहीं किया, वे विट्ठलनाथ जी के जन्म के अवसर पर बधाई का पद गावें यह संगत नहीं लगता। डॉ. मुंशीराम शर्मा का मत है कि सूर लिखित जिस बधाई के पद को प्रमाण के रूप में प्रस्तुत किया जाता है, वह एक तो सामान्य रूप लिए हुए है और इसी के साथ अधिक

संभव यह प्रतीत होता है कि वह पद गोस्वामी विट्ठलनाथ जी की किसी वर्ष-गाँठ के अवसर पर लिखा गया हो अथवा भाव-जगत् में विचरण करते हुए सूर ने उस पद को श्रीकृष्ण के जन्मोत्सव के रूप में लिखा हो और संप्रदाय में आगे चलकर वह पद भी विट्ठलनाथ जी की जन्म-जयंती मनाने के अवसर पर गाने के लिए स्वीकृत कर लिया गया हो।[28] डॉ. हरवंशलाल शर्मा ने सूर का शरणागत काल सं. 1567 विक्रम ही माना है। इस प्रकार-सूर का दीक्षाकाल भी अनिश्चित ही है।

वल्लभाचार्य से दीक्षित होने के बाद सूरदास ने अपने एकतारे के तार से हृतंत्री के तार का तादात्म्य कर हरि लीला का गायन प्रारंभ किया उसकी स्वर लहरी दिक्कालातीत हुई। सूरदास के भक्त-जीवन में उनकी बादशाह अकबर और गोस्वामी तुलसीदास से भेंट की चर्चा अनेक रूपों में हुई है। भक्त सूरदास से सम्राट अकबर की भेंट भक्त की प्रसिद्धि और महत्ता तथा अकबर की धार्मिक सहिष्णुता और उदारता का सूचक है। सूरदास और अकबर की भेंट के समय और स्थान के विषय में मतभेद का एक मुख्य कारण है अनेक सूरदासों की जीवनी का जनश्रुति द्वारा एक में मिल जाना। यद्यपि चौरासी वैष्णवन की वार्ता में सूरदास और अकबर-मिलन का उल्लेख है, किंतु इस घटना की पुष्टि सूरदास की रचना के अंतःसाक्ष्य अथवा किसी अन्य प्रामाणिक स्रोत से नहीं हुई है। कला-प्रेमी और उदारचेता अकबर का विख्यात कवि, गायक और महात्मा सूरदास से मिलना संभव है। सूर-निर्णय के अनुसार, सूरदास-अकबर-भेंट सं. 1623 में मथुरा में संभावित है।[29] डॉ. हरवंशलाल शर्मा ने इतिहास के आधार पर यह सिद्ध किया है कि सं. 1623 तक अकबर की धार्मिक नीति बहुत उदार नहीं थी और राजनीतिक अशांति के कारण धर्म की ओर उसका ध्यान नहीं था। अकबर ने हिंदुओं पर से तीर्थयात्रा कर सं. 1620 वि. में तथा जजिया सं. 1623 में उठाया। अकबर ने वल्लभ संप्रदाय वालों के लिए सन् 1577 और 1581 के बीच दो फरमान जारी किए थे। इस आधार पर डॉ. शर्मा ने दीनदयाल गुप्त के मत का समर्थन करते हुए लिखा है कि सूरदास और अकबर की भेंट सन् 1574 (सं. 1631) से सन् 1582 (1639) के बीच मथुरा में हुई होगी।[30]

वार्ता-साहित्य, भक्तमाल की टीका और मूल गुसाई चरित में सूरदास और तुलसीदास की भेंट का उल्लेख हुआ है। दो भक्त महाकवियों की यह भेंट महत्वपूर्ण है, किंतु इस संयोग का मूल गुसाई चरित से प्राप्त विवरण मूल गुसाई चरित की ही तरह अप्रामाणिक सिद्ध हो चुका है। मूल गुसाई चरित के अनुसार, सूर-तुलसी की भेंट चित्रकूट में सं. 1616 वि. में गोकुलनाथ जी की प्रेरणा से

हुई थी। किंतु प्राचीन वार्ता-रहस्य के अनुसार, यह भेंट ब्रज में पारसोली ग्राम में हुई थी। सूर-निर्णय के अनुसार, तुलसी जी सं. 1626 में ब्रज में आए थे और उसी समय उनकी सूरदास से भेंट हुई थी।[31] सूरदास के जीवन से संबंधित अनेक दूसरी बातों की तरह तुलसीदास से उनकी भेंट की बात भी प्रमाण-पुष्ट नहीं है।

सूर के जन्मकाल की ही भाँति उनका देहावसान-काल भी विवादग्रस्त है। विद्वानों के प्रयास से सूरदास की मृत्यु-तिथि सं. 1620 से सं. 1640 वि. के बीच में अनिश्चय की स्थिति में है। आचार्य रामचंद्र शुक्ल ने सं. 1620 वि. के आसपास सूर के देहावसान का अनुमान किया है।[32] डॉ. मुंशीराम शर्मा की सम्मति है कि सूरदास सं. 1627 वि. तक इस धराधाम पर पार्थिव शरीर के रूप में अवश्य जीवित थे। सूर-निर्णय के लेखकों ने जिस प्रकार सूरदास की जन्मतिथि का निश्चय वल्लभाचार्य की जन्मतिथि के साथ जोड़कर किया है, उसी प्रकार सूर की निधन-तिथि का निर्णय गोस्वामी विट्ठलनाथ की निधन-तिथि के आधार पर। उनके अनुसार सूरदास की मृत्यु सं. 1640 वि. में हुई। डा. ब्रजेश्वर के मतानुसार भी सूरदास शतायु होने के बाद सं. 1640 वि. के लगभग गोलोकवासी हुए होंगे। सांप्रदायिक इतिहास, अष्टसखान की वार्ता, कृष्णदास रचित वसंत का एक पद, 'वल्लभ वंशवृक्षे', छप्पन भोग की भावना और चतुर्भुजदास कथित 'षटऋतु की वार्ता' के आधार पर सूरदास की उपस्थिति काल का विवरण और विवेचन प्रस्तुत करते हुए सूर-निर्णयकारों ने सं. 1640 वि. तक सूर की उपस्थिति सिद्ध की है। अब तक की उपलब्ध सामग्री के आधार पर सूरदास का देहावसान-काल सं. 1640 वि. ही विश्वसनीय जान पड़ता है।

## सूर-साहित्य

किसी भी कवि की श्रेष्ठता उसकी रचनाओं के परिमाण से नहीं, गुण से निश्चित होती है। काशी नागरीप्रचारिणी सभा के खोज-विवरण की रिपोर्ट के आधार पर सूरदास के नाम से 25 ग्रंथों की सूची उपलब्ध है। ये ग्रंथ हैं : 1. सूरसारावली, 2. साहित्य लहरी, 3. सूरसागर, 4. भगवत् भाषा, 5. दशम स्कंध भाषा, 6. सूरसागर सार, 7. सूर रामायण, 8. मानलीला, 9. राधा रसकेलि कौतूहल, 10. गोवर्धनलीला (रस लीला), 11. दानलीला, 12. भंवर लीला, 13. नागलीला, 14. व्याहलीला, 15. प्राणप्यारी, 16. दृष्टिकूट के पद, 17. सूरशतक, 18. सूरसाठी, 19. सूरपचीसी, 20. सेवाफल, 21. सूरदास के विनय आदि के स्फुट पद,

22. हरिवंश टीका (संस्कृत), 23. एकादशी माहात्म्य, 24. नल दमयंती, 25. राम जन्म। सूर-निर्णयकारों के अनुसार, सूरसारावली, साहित्य-लहरी, सूरसागर, सूरसाठी, सूरपचीसी, सेवाफल और सूरदास के विनय आदि के स्फुट पद ये सात सूर की प्रामाणिक रचनाएँ हैं।

सूरदास के नाम से प्रचारित इस लंबी ग्रंथ-सूची की कुछ रचनाएँ सूरसागर के ही पदों की विभिन्न नामों से पुनरावृत्ति मात्र हैं और कुछ दूसरे सांप्रदायिक भक्तों की रचनाएँ हैं, जो सूरदास के नाम से प्रचलित हैं। सूर-साहित्य के आलोचकों ने इस लंबी ग्रंथ-सूची में से केवल सूरसारावली, साहित्य-लहरी और सूरसागर को ही विचारणीय माना है।

## सूरसागर

सूरसागर निर्विवाद रूप से सूर की प्रामाणिक रचना है। 'वार्ता साहित्य' में भी यह संकेत मिलता है कि सूरदास अपने जीवनकाल में ही सूरसागर की रचना के कारण स्वयं सूरसागर नाम से प्रसिद्ध हो चुके थे। सूरसागर की पद संख्या को आलोचकों ने 'सहस्त्रावधि' से लेकर 'लक्षावधि' तक सिद्ध करने का प्रयास किया है। अभी तक सूरसागर के प्रकाशित या अप्रकाशित रूप में 6-7 हजार से अधिक पद उपलब्ध नहीं हैं। काशी नागरी प्रचारिणी सभा से प्रकाशित स्कंधात्मक सूरसागर में द्वादश स्कंधांत में पदों की संख्या 4337 है और उसके अनंतर 270 पद परिशिष्ट में दिए गए हैं, जिनके सूरदास द्वारा रचित होने में संपादक महोदय को संदेह है। मुझे लगता है कि भावपूर्ण पदों के बीच, रास लीला आदि के समय कथा-सूत्र को जोड़ने के लिए चौपाईबद्ध अंश बाद में जोड़े गए होंगे। ढोला के दोहों का कथासूत्र मिलाने में कुशलाभ ने इसी कौशल का सहारा लिया था।

सूरसागर के दो रूप उपलब्ध हैं, (क) संग्रहात्मक या लीलात्मक एवं (ख) द्वादश स्कंधात्मक या भागवतानुसारी। श्री जवाहर लाल चतुर्वेदी ने भारत और विदेशों में देवनागरी तथा अन्य लिपियों में प्राप्त सूरसागर की विभिन्न हस्तलिखित और प्रकाशित प्रतियों का विस्तृत विवरण दिया है।[33] इससे स्पष्ट है कि सूरसागर का प्राचीनतम रूप संग्रहात्मक ही है। सूरसागर का प्रचीनतम मूलरूप 'नित्य-कीर्तन' और 'वर्षोत्सव' के रूप में था जिसका आगे चलकर नित्यकीर्तन, वर्षोत्सव, वसंत-धमार, ग्रीष्म पद तथा रास के पद के रूप में विकास हुआ। सूरसागर की प्राचीनतम उपलब्ध प्रतियाँ सं. 1644, सं. 1658 और सं. 1670 आदि की हैं, जो सूर के जीवन और रचनाकाल के अधिक निकट है। उनका रूप पूर्णतः संग्रहात्मक

है। स्कंधात्मक सूरसागर की कोई भी प्रति सं. 1753 के पहले की प्राप्त नहीं है। प्रायः संग्रहात्मक प्रतियों का प्रारंभ जन्म-बधाई के पद से और द्वादश स्कंधात्मक सूरसागर का प्रारंभ विनय के पदों से हुआ है। सूरसागर का संग्रहात्मक या लीलात्मक रूप द्वादश स्कंधात्मक रूप से अधिक प्रामाणिक और प्राचीन है। इसके कारण निम्नलिखित है :

1. संग्राहात्मक प्रतियाँ द्वादश स्कंधात्मक प्रतियों की अपेक्षा लगभग सौ वर्ष पुरानी है।
2. संग्रहात्मक प्रतियों का पाठ द्वादश स्कंधात्मक प्रतियों की अपेक्षा अधिक शुद्ध और ब्रजभाषा के उच्चारण एवं व्याकरण के अनुरूप है।
3. संग्रहात्मक प्रतियों में पदक्रम लीला-परंपरा पर आधारित है।
4. संग्रहात्मक प्रतियों में सूरसागर को श्रीमद्भागवत का अनुवाद सिद्ध करने का प्रयास नहीं है। इन प्रतियों में स्कंधात्मक प्रतियों की तरह 'व्यास कहे सुकदेव सौं द्वादश स्कंध बना, सूरदास सोई कहे पद भाषा करि गाइ' को चरितार्थ करने का आग्रह नहीं है।
5. द्वादश स्कंधात्मक प्रतियों में पाठभेद और क्रमभेद दोनों मिलते हैं जिससे उनकी प्रामाणिकता संदिग्ध होती है।
6. सूरदास कृष्ण की लालाओं के उन्मुक्त गायक थे, न कि भागवत के अनुवादक। संग्रहात्मक प्रतियों में कृष्ण की लीलाएँ प्रधान हैं, किंतु स्कंधात्मक प्रतियों में भागवत के अनुसार कथा की महत्ता स्थापित हुई है।

विचारणीय प्रश्न यह है कि सूरसागर अपने संग्रहात्मक रूप की स्वाभाविक साज-सज्जा को त्यागकर द्वादश स्कंधात्मक रूप के निर्जीव शरीर में कब और किसके प्रयास से प्रविष्ट हुआ या उसका भागवतानुसार संग्रह तथा संपादन कब और किसने किया। सूरसागर की उपलब्ध प्राचीन हस्तलिखित प्रतियों के काल से यह सहज सिद्ध होता है कि सूरसागर का वर्तमान द्वादश स्कंधात्मक रूप सत्रहवीं शताब्दी तक नहीं बन पाया था, अठारहवीं शताब्दी के मध्य में सूरसागर को स्कंधात्मक रूप मिला। ऐसा ज्ञात होता है कि संस्कृत और ब्रजभाषा के प्रकांड पंडित, 'वार्ता साहित्य' के संपादक, अनेक ग्रंथों प्रणेता और पुष्टि संप्रदाय के प्रबल प्रचारक श्री हरिराय (सं. 1647-1772 वि.) ने ही संभवतः अपने जीवन के उत्तरार्द्ध में सूरसागर के द्वादश स्कंधात्मक भागवतानुसारी रूप का निर्माण और उसके अनुरूप सूरसागर के पदों का संग्रह और संपादन कर उसको एक संप्रदायिक ग्रंथ के रूप में प्रस्तुत किया।

## सूरसारावली

सूरसागर के अतिरिक्त सूरसारावली और साहित्य-लहरी को कुछ आलोचकों ने सूर की प्रमाणिक रचनाएँ माना है। अनेक आलोचक सूरसारावली को सूरसागर का ही सार मानते हैं, लेकिन सूर-निर्णयकारों ने सूरसारावली को सूरदास के सूरसागर से स्वतंत्र सैद्धांतिक रचना माना है और उसका रचनाकाल सं. 1602 निश्चित किया है। डॉ. मुंशीलाल शर्मा और डॉ. हरवंशलाल शर्मा ने भी सूरसारावली को सूरदास की रचना माना है। इसके विपरीत डॉ. ब्रजेश्वर शर्मा ने सूरसारावली की विषयवस्तु, भाषा-शैली और रचयिता पर विस्तार से विचार करते हुए उसे सूरदास की रचना होने का खंडन किया है। सूरसागर से कथावस्तु-संबंधी और भाषा-शैली संबंधी अनेक अंतर स्थापित करते हुए ब्रजश्वर वर्मा ने लिखा है कि कथावस्तु, भाषा-शैली और रचना के दृष्टिकोण के विचार से सूरसारावली सूरदास की प्रामाणिक रचना नहीं जान पड़ती। तथाकथित आत्मकथन और कवि छापों से भी यही संकेत होता है। सूरसारावली के रचयिता के विषय में अनुमान करते हुए डॉ. वर्मा ने लिखा है कि यह सूरज कवि वह ब्रजवासी बालक अनुमान से जान पड़ता है जो नागरीदास जी के अनुसार ब्रज में 'द्वेतुकिया होरी के भड़ौवा' गाता फिरता था और जिसे श्रीगोस्वामी जी ने भगवतजस वर्णन करने का उपदेश दिया था।[34]

सूरसारावली में प्राप्त छंदों के आधार पर उसका रचना-काल और उसके रचयिता का निर्णय किया जाता है वे निम्नलिखित हैं :

(1) गुरु प्रसाद होत यह दरसन सरसठ बरस प्रचीन।
शिव विधान तप करैउ बहुत दिन तऊ पार नहीं लीन॥ (छंद सं. 1002)

(2) करम, जोग पुनि ज्ञान-उपासना सबही भ्रम भरमायो।
श्री वल्लभ गुरु तत्व सुनायो, लीला भेद बतायो॥ (छंद सं. 1102)

(3) ता दिन तैं हरि-लीला गाई एक लच्छ पद-बंद।
ताकौ सार सूरसारावलि गावत अति आनंद ॥ (छंद सं. 1103)

सूरसारावली को सूर की प्रामाणिक रचना मानने वाले आलोचकों ने सूर के जीवन और साहित्य के संदर्भ में इन छंदों का भिन्न-भिन्न अर्थ किया है। सूरसारावली को सूरदास की रचना सिद्ध करने के लिए इन आलोचकों ने उपर्युक्त छंदों के अर्थ का सूर के जीवन से साम्य बैठाने का प्रयास किया है। मुंशीराम शर्मा ने प्रथम छंद के गुरु का संकेत वल्लभाचार्य से माना है। किंतु सूर-निर्णयकारों के अनुसार, 'गुरु' का संकेत विट्ठलनाथ जी से है। इन दोनों अर्थों में मुंशीराम शर्मा

का ही मत समीचीन है, क्योंकि भरोसो बढ़ इन चरनन के रो में वल्लभाचार्य का स्पष्ट उल्लेख है और सूरसारावली (छंद सं. 1102) में भी 'श्री वल्लभ गुरु' का उललेख है। छंद सं. 1002 के 'दरसन' शब्द का मुंशीराम शर्मा के अनुसार अर्थ है भगवान् की शाश्वत रासलीला का दर्शन और सूर-निर्णयकारों के अनुसार, निकुंजलीला का दर्शन। 'दरसन' के इस अर्थ भेद में मुंशीराम शर्मा का ही मत सटीक जँचता है, क्योंकि सूरदास ने प्रतिबिम्बित *'दिवि दृष्टि हृदय हरि लीला भासी'* के अनुसार वृंदावन की नित्य-लीला का मानस प्रत्यक्ष संप्रदाय प्रवेश के शीघ्र बाद ही कर लिया था। 'सरसउ वरस' का अर्थ तो सरल है किंतु आलोचनकों में मतभेद इस बात पर है कि 67 वर्ष की अवस्था में कवि को 'दरसन' हुआ था या सारावली की रचना हुई थी। मुंशीराम शर्मा के अनुसार 67 वर्ष का संकेत सारावली के रचनाकाल का नहीं, वरन् हरिलीला दर्शन का सूचक है। सूर-निर्णयकारों के अनुसार दर्शन और सारावली की रचना दोनों का संकेत इस 'सरसठ बरस' में है। वास्तव में इस छंद में 67 वर्ष में 'दरसन' की चर्चा है, सूरसारावली की रचना का नहीं। डॉ. प्रेमनारायण टंडन के अनुसार, सारावली का रचयिता जिस सरसठ वर्ष की अवस्था में (लीला) दर्शन की बात कर रहा है वह यदि सूरसागर के प्रसिद्ध रचयिता सूरदास के जीवनक्रम से मेल नहीं खाती, तो हमें स्पष्ट रूप से स्वीकार करना चाहिए कि सारावली के जिस रचयिता ने सरसठ वर्ष की अवस्था में लीला दर्शन किया था, वह कोई अन्य कवि होगा, प्रसिद्ध कवि सूरदास नहीं हो सकते।[35] दूसरे छंद संख्या 1002 का सही अर्थ यह है कि सूरसारावली के रचयिता ने (सूरदास ने नहीं) शिवविधान अर्थात् ज्ञानमार्गी विधि से बहुत दिनों तक (मैंने) तपस्या की लेकिन सफलता नहीं मिली, परंतु गुरु के अनुग्रह से 67 वर्ष की अवस्था में दर्शन (हरिलीला का) हुआ। दूसरे और तीसरे छंद का अर्थ स्पष्ट करते हुए डॉ.प्रेमनारायण टंडन ने लिखा है कि कर्म, योग, ज्ञान, उपासना या साधना जिस कवि सूरदास को (पर्याप्त समय तक) भरमाते रहे, उसी को वल्लभाचार्य जी ने तत्व और लीला-रहस्य बताया-समझाया (जिसको हृदयंगम करके कवि सूरदास ने) उसी दिन से एक लाख पदों या पद बंदों में अथवा एक लक्ष से पदबद्ध होकर अथवा 'एक लक्ष्य' श्रीकृष्ण के पदों की वंदना करके हरिलीला-गान किया (कविवर सूरदास) उस लीलागान का सार सूरसारावली के नाम से (मैं अर्थात् सूरसारावली का रचयिता) बड़े आनंद से गाता (लिखता हूँ)।

डॉ. प्रेमनारायण टंडन के अनुसार, इन दोनों छंदों (संख्या 1102, 1103) की प्रथम तीन पंक्तियों का संबंध सूरदास से है और अंतिम चौथी पंक्ति की 'गावत' क्रिया का लुप्त कर्ता 'हौं' उस कवि की ओर संकेत करता है, जिसने सूरदास के

लीलागान का सार सूरसारावली में लिखा है। सूरसारावली के इस छंद (सं. 1103) आए 'एक लक्ष पदबंद' पर हरिराय जी के भाव प्रकाश के लक्षावधि पद का प्रभाव लक्षित होता है। इससे यह भी ज्ञात होता है कि सूरसारावली हरिराय जी के बाद की रचना है। सूरसारावली को सूर की रचना मानने वाले सूर-निर्णयकारों ने एक लक्ष पदबंद की लक्षावधि पद तथा सूरसागर की प्राप्त पद संख्या से असंगति देखकर ही सूर के चरित निर्णय में प्रत्येक स्थल पर हरिराय जी के भाव प्रकाश को प्रमाण मानने के बावजूद भाव प्रकाश के लक्षावधि पद को त्याग कर मूल वार्ता के लक्ष्यावधि पद को ग्रहण किया है और एक लक्ष पद बंद का अर्थ एक लक्ष्य स्वरूप श्रीकृष्ण की पद वंदना करते हुए सूर के जीवन से उसकी संगति बैठाने का प्रयास किया है। सूरसारावली को सूर की प्रामाणिक रचना मानने वाले डॉ. हरवंशलाल शर्मा ने एकबार एक लक्ष पद बंद में बंद का अर्थ पंक्ति मानकर एक लक्ष पद बंद का अर्थ एक लाख पंक्ति लिखा है और दूसरी बार इस छंद को ही प्रक्षिप्त मान लिया है। यह सब प्रयास इन आलोचकों को इसलिए करना पड़ा है कि उन्होंने सूरसारावली को सूरदास की रचना मानकर ही उस पर विचार किया है। सच्चाई यह है कि सूरसारावली से सूरकाव्य का तो संबंध ज्ञात होता है, किंतु सूरदास का कोई संबंध प्रतीत नहीं होता।

सूरसारावली के अंत में श्रीनाथ जी का वरदान है कि 'तेराकृत मेरा जस जो गाएगा वह सदा मेरे साथ रहेगा।' इस वरदान का आयोजन करने वाला कवि निश्चय ही यश लोभी प्रतीत होता है। सूरदास ने सूरसागर में ऐसी कोई योजना या कामना नहीं व्यक्त की है। वरदान की आवश्यकता सूरसारावली जैसी कमजोर कृति के जीवन के लिए आवश्यक है, सूरसागर जैसी सशक्त कृति के लिए नहीं।

सूरसारावली को सूर की रचना सिद्ध करने के प्रयास में सूर-निर्णयकारों ने सूरसागर को श्रीमद्‌भागवत की कथाओं का अनुवादात्मक रूप और परतंत्र रचना और सारावली को सैद्धांतिक स्वतंत्र रचना लिखा है। सूरसागर को अनुवादात्मक परतंत्र रचना और सूरसारावली को सैद्धांतिक स्वतंत्र रचना लिखकर सूरसागर के अवमूल्यन और सूरसारावली के अधिमूल्यन का सूर-निर्णयकारों ने जो प्रयास किया है वह चिन्त्य है। प्रश्न यह है कि क्या सूरदास का उदात्त भक्त और कवि रूप सूरसागर पर नहीं सूरसारावली पर आधारित है?

सूरसारावली की कोई प्राचीन हस्तलिखित पांडुलिपि उपलब्ध नहीं है और वार्ता साहित्य में भी इसका कोई उल्लेख नहीं है। इसलिए निश्चय ही सूरसारावली वार्ता साहित्य के संपादन के बाद की रचना प्रतीत होती है।

सूरसारावली में सूर की भक्ति-भावना का सूरसागर से भिन्न कोई नवीन पक्ष उद्घाटित नहीं होता है और न उनकी सर्जनात्मक शक्ति का नवीन प्रभाव ही परिलक्षित होताहै। सूरसारावली की विषयवस्तु और भाषा-शैली की असमर्थता ही बता रही है कि वह सूर की रचना नहीं है। सूरदास ने सूरसागर के ललित पदों में श्रीकृष्ण की रूप-माधुरी और लीला-माधुरी के आजीवन गायन का जो दिव्य अनुष्ठान किया था उसको बीच में छोड़कर सूरसारावली जैसी नितांत वर्णनात्मक और विवरणात्मक निर्जीव कृति की रचना के प्रयास का कोई औचित्य नहीं जान पड़ता। सूरसारावली में तार्किक पद्य है, इसलिए वह काव्य की दृष्टि से समर्थ रचना नहीं है। वास्तव में सूरसारावली पुष्टिमार्ग के किसी सूरदासेतर अठारहवीं शताब्दी के कवि की रचना है जिसमें सूरसागर की कथा और शैली का असफल अनुकरण है, संप्रदाय के आध्यात्मिक दृटिकोण की अभिव्यक्ति है और सांप्रदायिक मान्यताओं का समर्थन है।

## साहित्य-लहरी

सूरसारावली की भाँति ही साहित्य-लहरी के भी रचयिता, रचनाकाल और रचना उद्देश्य का निर्णय विवादास्पद है। साहित्य-लहरी 118 दृष्टिकूट पदों का संग्रह है जिसमें रस, अलंकार और नायिका-भेद की रचना-शैली का अनुसरण है। साहित्य-लहरी का वर्तमान स्वरूप भारतेन्दु हरिश्चंद्र द्वारा संगृहीत, संपादित और सन् 1892 में पटना से प्रकाशित है। वैसे तो दृष्टिकूट पद हाजी प्रेस (लीथो) आगरा से सन् 1852 ई. में, दृष्टिकूट पद (सटीक)-टीकाकर्ता सरदार कवि (काशी राज के आश्रित), लायट प्रेस बनारस से सन् 1869 ई. में मुद्रित हुए हैं। किंतु इसकी कोई प्राचीन हस्तलिखित प्रति नहीं मिलती। साहित्य-लहरी को सूर की रचना मानने वाले सभी आलोचकों ने (मुंशीराम शर्मा को छोड़कर) साहित्य-लहरी के 118वें पद को अप्रामाणिक माना है, बल्कि डॉ. दीनदयाल गुप्त ने पद संख्या 109 के बाद के सभी पदों को अप्रामाणिक माना है। डॉ. मुंशीराम एक मात्र आलोचक हैं जो संपूर्ण साहित्य-लहरी को प्रामाणिक और सूरकृत मानते हैं तथा उसके 118वें पद के आधार पर सूर के जीवन चरित का निर्माण और निर्धारण करते हैं। साहित्य-लहरी को सूर की रचना मानने वाले आलोचकों में मुंशीराम शर्मा, परीख और मीतल तथा डॉ. हरवंश लाल शर्मा उसे एक स्वतंत्र ग्रंथ मानते हैं, जबकि जवाहरलाल चतुर्वेदी और गोवर्धन नाथ शुक्ल उसे सूरसागर से ही संगृहीत और संपादित मानते हैं। डॉ. गोवर्धन नाथ शुक्ल ने

साहित्य-लहरी को सूरसागर से ही निःसृत मानकर उसे हरिराय द्वारा सं. 1667 या सं. 1677 में संपादित माना है और उन्होंने अपने मत की पुष्टि के लिए कई कारण दिए हैं।

साहित्य-लहरी के पद 109 में उसके रचनाकाल, रचयिता और रचना के उद्‌देश्य का संकेत है। यह यों है :

मुनि मुनि रसन के रस लेख।
दसन गौरी नंद को लिखि सबल संवत पेष।
नंदनंदन मास द्वै ते हीन त्रितिया बार।
नंदनंदन जनम तै है बान सुख आगार।
तृतीय श्रद्धा सुकर्म योग विचारि सूर नवीन।
नंद नंदनदास हित साहित्य-लहरी कीन॥

इस पद में तीन बातें विशेष विचारणीय हैं : (क) रचनाकाल, (ख) सूर-नवीन और (ग) नंदनंदन दास हित। साहित्य-लहरी के रचनाकाल की दृष्टि से 'मुनि पुनि रसन के रस लेख। दसन गोरीनंद को' पर विचार करते हुए इसके अनेक अर्थ किए गए हैं :

1. राधाकृष्णदास ने मुनि-7, रसन-1, रस-6, दसन गौरीनंद को-11 'अंकाना वामतो गतिः' के अनुसार, साहित्य-लहरी का रचनाकाल सं. 1607 (1617) माना है। राधाकृष्णदास ने जिस प्रकार से मुनि पुनि रसन के रस लेख तथा दसन गौरीनंद की व्याख्या की है उससे 1617 वि. ही अर्थ निकलता है, किंतु उन्होंने सं. 1607 लिखकर कोष्ठकं में सं. 1617 लिखा है।
2. आचार्य रामचंद्र शुक्ल ने 'पुनि' के स्थान पर सुनि (शून्य) मानकर साहित्य-लहरी का रचनाकाल सं. 1607 माना है।
3. मुंशीराम शर्मा ने रसना के दो व्यापारों-आस्वादन और वाक् को मानकर साहित्य-लहरी का रचना काल सं. 1627 वि. लिखा है।
4. डॉ. ब्रजेश्वर वर्मा ने इसका एक नए प्रकार से अर्थ करते हुए लिखा कि 'मुनि'-'पुनि' (पुनः पुनि)-7, 'रसन के रस'-6 और 'दसन गौरीनंद'-1 के अनुसार, सं. 1677 को साहित्य-लहरी का रचनाकाल निश्चित किया है।
5. पं. विश्वनाथ प्रसाद मिश्र ने रस का अर्थ-9 मानकर साहित्य-लहरी का रचनाकाल सं. 1917 माना है।

सूर-निर्णय के लेखकों ने साहित्य-लहरी का रचनाकाल सं. 1607 ही माना है

किंतु सं. 1607, सं. 1617 और सं. 1627 को भी रचनाकाल मानने में उन्हें कोई असंगति नहीं जान पड़ती। प्रश्न यह है कि क्या साहित्य-लहरी के रचयिता को भी 'मुनि पुनि रसन के रस लेख। दसनगौरीनंद को, के तीन कालव्यंजक अर्थ अभीष्ट हो सकते हैं? अगर इस पद के द्वारा रचयिता साहित्य-लहरी के प्रारंभ से समाप्ति तक का काल संकेत करना चाहता तो वह इसका उल्लेख अवश्य करता। सूर निर्णयकारों को साहित्य-लहरी का रचनाकाल सं. 1607, 1617 और सं. 1627 इसलिए मानना पड़ा कि उन्होंने साहित्य-लहरी को सूर की रचना मान ली। तब उसके रचनाकाल से सूर के जीवन की संगति बैठाना आवश्यक था। एक बात को मान लेने पर कई बातें माननी पड़ती हैं या उसके समर्थन में तर्क गढ़ना पड़ता है। साहित्य-लहरी को न तो सं. 1917 की सीमा तक नवीन और न सं. 1607 की सीमा तक प्राचीन ही स्वीकार किया जा सकता है। डॉ. ब्रजेश्वर वर्मा का मत ही विशेष समीचीन जान पड़ता है कि मूल रचना सूरजचंद नामक किसी कवि के द्वारा सं. 1677 में हुई और उस पर किसी ने 18वीं शती में सूरदास की रचना समझकर टीका लिखी। साहित्य-लहरी की शैली, पद्धति और उद्देश्य रीतिकालीन लक्षण-ग्रंथों के अनुरूप है। अतः यह रचना 18वीं शताब्दी की ज्ञात होती है।

पद सं. 109 में 'विचारि सूर नवीन' पदांश महत्वपूर्ण है जिससे साहित्य-लहरी के रचयिता का संकेत मिलता है। इसमें 'नवीन' शब्द केवल तुक की पूर्ति के लिए निरर्थक रूप से नहीं आया है। अगर वह 'कीन' के बाद आया होता तो ऐसी आशंका हो सकती थी। यह सार्थक शब्द है और 'सूर' का विशेषण है। 'सूर नवीन' से स्पष्ट ज्ञात होता है कि साहित्य-लहरी के रचयिता प्रसिद्ध सूरदास नहीं हैं, बल्कि कोई नवीन सूर हैं। इसे सूर नवीन की साहित्य-लहरी के कुछ दृष्टिकूट पदों में प्रसिद्ध प्राचीन सूर के कुछ पदों का प्रभाव देखकर ही आलोचकों ने साहित्य-लहरी को सूरसागर के प्रणेता सूरदास की रचना मानने का आग्रह किया है।

इसी पद का अंतिम विचारणीय पदांश 'नंद-नंदन-दास-हित साहित्य-लहरी कीन' है जिससे इस रचना का उद्देश्य ज्ञात होता है। सूर-निर्णयकारों का मत है कि नंदनंदनदास हित का अर्थ है नंददास के लिए। सूर-निर्णय के अनुसार, नंददास के लिए ही सूरदास ने साहित्य-लहरी की रचना की। अपने इस मत के समर्थन में सूर-निर्णयकारों का पहला तर्क यह है कि सूरदास के पदों के ज्यों के त्यों शब्द, भाव और उनकी रचना-शैली का प्रभाव नंददास के भँवर गीत तथा अन्य रचनाओं में ज्ञात होता है। यह तर्क विशेष सार्थक नहीं है; क्योंकि सूरदास के कुछ

पदों पर विद्यापति के पदों का प्रभाव परिलक्षित होता है और सूरदास के परवर्ती ब्रजभाषा के संपूर्ण कृष्ण-भक्ति साहित्य पर, विशेषतः भँवरगीत परंपरा पर, सूर साहित्य का प्रभाव पड़ा है, इसलिए सूरदास के समकालीन निकटवर्ती अष्टछाप के ही कवि नंददास पर सूरदास का प्रभाव पड़ना स्वाभाविक ही है। सूरदास की शैली का प्रभाव अष्टछाप के अन्य कवियों की रचनाओं पर भी है। इसलिए प्रभाव साम्य के कारण यह नहीं कहा जा सकता कि सूरदास ने साहित्य-लहरी द्वारा काव्यशास्त्र की शिक्षा दी होती तो नंददास ने कहीं न कहीं अपनी रचनाओं में सूरदास का गुरुत्व साहित्य-लहरी के कारण स्वीकार किया होता। सूर-निर्णयकारों का एक दूसरा तर्क यह है कि जैसे सूरदास ने सूर-पचीसी की रचना अकबर के लिए, सूरसाठी एक बनिए के लिए और सूरसारावली वर्षोत्सव की सेवाभावनाओं के तात्विक अनुसंधान हेतु की, उसी प्रकार साहित्य-लहरी की रचना नंददास के लिए की। इस तर्क में पहली बात ध्यान देने की यह है कि जिस प्रकार सूरसाठी, सूरपचीसी और सूरसारावली आदि सूरदास की रचनाएँ नहीं हैं, उसी प्रकार साहित्य-लहरी भी सूर की रचना नहीं हो सकती है। दूसरी बात यह है कि सूर के काव्य का एकमात्र लक्ष्य हरिलीला का गायन है। वार्ता साहित्य के ही अनुसार, जो सूरदास अकबर के लिए एक पद भी गाने को तत्पर नहीं हुए वे ही अकबर के लिए सूर-पचीसी नामक पुस्तक क्यों लिखने लगे? सूरदास कोई दरबारी कवि नहीं थे, वे बादशाह और बनियों के कवि नहीं थे, जो इन सबके लिए कविता लिखते। अतः किसी बादशाह या बनिया के लिए सूरदास की पद-रचना का कोई औचित्य नहीं है। साहित्य-लहरी जैसा नायिकाभेद का ग्रंथ लिखना भी भक्त सूरदास के लिए उचित नहीं लगता। नंदनंदनदास हित में विचारणीय यह है कि अगर साहित्य-लहरी नंददास के लिए लिखी गयी है तो नंदनंदनदास में नंदन शब्द व्यर्थ ही है। नंदनंदनदास का तात्पर्य चंद्रबली पांडेय ने कृष्णदास (अष्टछाप) बताया है जो शब्दार्थ की दृष्टि से सही है।[36] कृष्णदास (अष्टछाप) के बारे में अगर भक्तमाल का यह कथन सही है कि 'भजन सागर गुन आगर' और कविता 'नोख निर्दोष' तो ऐसे विदग्ध कवि और भक्त के लिए साहित्य-लहरी जैसा साधारण लक्षण-ग्रंथ अनुपयोगी ही है। कुछ आलोचकों ने नंदनंदनदास का अर्थ नंद दास के पुत्र कृष्णदास से जोड़ा है जो केवल अनुमान ही है। कुछ दूसरे आलोचकों ने नंदनंदनदास का अर्थ कृष्ण भक्त किया है, परंतु साहित्य-लहरी जैसे नायिकाभेद के ग्रंथ से किसी कृष्ण-भक्त का क्या प्रयोजन हो सकता है! इसमें लीलारस नहीं, केवल शाब्दिक व्यायाम ही है।

साहित्य-लहरी को रीतिकालीन रचना मानने वालों के सामने सूर-निर्णयकारों

ने तीन प्रश्न रखे हैं जिनका औचित्य परीक्षण आवश्यक हैं। उनका पहला प्रश्न यह है कि साहित्य-लहरी के रचना-काल सूचक पद में प्राप्त संवत, मिति और नक्षत्र योगादि का प्रामाणिक उल्लेख सौ वर्ष बाद किस प्रकार किया जा सकता है? इसके उत्तर में पहली बात यह है कि साहित्य-लहरी के संवत् सूचक पद के अर्थ में ही सूर-निर्णयकारों ने सं. 1607, 1617 को समाहित कर दिया है जिसके कारण यह मानना कठिन है कि सं. 1607, 17 ओर 27 की मिति और नक्षत्र योगादि एक और प्रामाणिक होंगे। दूसरी बात यह है कि वांछित वर्ष के पंचांग की सहायता से सौ वर्ष क्या कई सौ वर्षों के पूर्व की मिति और नक्षत्र योगादि का प्रामाणिक उल्लेख हो सकता है।

सूर-निर्णयकारों का दूसरा प्रश्न यह है कि किसी परवर्ती कवि को अपना अस्तित्व मिटाकर नाम-साम्य करने से क्या लाभ हो सकता है और जब संवतादि सामान्य सूचनाओं से ही वह अपना उद्देश्य पूरा कर सकता था, तो उसने नक्षत्रादि का सूक्ष्म विवरण क्यों दिया? वास्तव में साहित्य-लहरी के रचयिता को अपनी प्रतिभा की शक्ति और सीमा का ज्ञान था। उसे यह ज्ञात था कि साहित्य-लहरी को जीवित और चर्चित रखने के लिए महाकवि सूरदास का नाम उसके साथ संलग्न करना लाभदायक है। अन्यथा साहित्य-लहरी जैसी अनेक असमर्थ पोथियाँ संग्रहालयों की शोभा बढ़ा रही हैं जबकि सूरदास के नाम-संपर्क से ही वह चर्चा और विचार का विषय बनी हुई है। जहाँ तक नक्षत्रादि के सूक्ष्म विवरण का प्रश्न है उसके उत्तर में निवेदन यह है कि झूठ को सत्य-सा बनाने के लिए कुछ प्रयास तो करना ही पड़ता है।

सूर-निर्णयकारों का तीसरा प्रश्न यह है कि साहित्य-लहरी काव्य नहीं काव्यशास्त्र है और एक प्रकांड कवि नाम-साम्य का अपराध करे, यह कैसे संभव है? हमारा विचार यह है कि साहित्य-लहरी न तो समर्थ काव्य है और न काव्यशास्त्र ही। उसमें भक्ति, काव्य और काव्यशास्त्र तीनों की केवल छायामात्र है, कोई प्रभावकारी रूपरेखा नहीं। यही कारण है कि सूरदास के प्रायः सभी आलोचकों ने साहित्य-लहरी का सहारा न तो सूर के काव्य-विवेचन में लिया है और न भक्ति-निदर्शन में। साहित्य-लहरी का कवि एक प्रकांड कवि नहीं है। वह नाम-साम्य का उपयोग कर सकता है।

सूरदास को राधाकृष्ण की ललित लीलाओं के गुप्त और प्रकट रूप की अनुभूति और सूरसागर में उसकी अभिव्यक्ति के बीच या अनंतर साहित्य-लहरी के जटिल आवर्तों में पड़ने की क्या आवश्यकता है? जो भक्त-कवि अपने आराध्य की लीला को जनमानस तक पहुँचाने, सर्वसुलभ और सुबोध बनाने का

प्रयास कर रहा हो वह उस लीला को गुप्त, रहस्य, प्रच्छन्न क्यों रखना चाहेगा? सूरदास ने तो अविगत गति को मन और वाणी से अगम-अगोचर मानकर ही सगुण लीला पद गाने का प्रयास किया है, इसलिए वे सगुण लीला को रहस्यमय क्यों बनाना चाहेंगे?

अंत में सूरसारावली और साहित्य-लहरी को निम्नलिखित कारणों सूर की रचना न मानकर उन्हें सूर-साहित्य की सीमा से बाहर रखने का आग्रह किया गया है :

1. सूरसारावली और साहित्य-लहरी दोनों की प्राचीन हस्तलिखित प्रतियों का अभाव।
2. 'मूल वार्ता' साहित्य या उसकी टीका में सूरसारावली और साहित्य-लहरी का उल्लेख नहीं है तथा इन दोनों रचनाओं में प्राप्त तथ्यों की मूल वार्ता से असंगति है।
3. सूरसारावली और साहित्य-लहरी का सूरदास के जीवन-चरित्र के निर्माण में विशेष सहायक न होना। यद्यपि सूरसारावली की छंद संख्या 1002 (गुरु परसाद होत यह दरसन सरसठ बरस प्रवीन) और छंद संख्या 1103 (श्री वल्लभ गुरु तत्व सुनायो, लीला भेद बतायो) तथा साहित्यलहरी की पद संख्या 109 और 118 से दोनों कृतियों के कर्ताओं के जीवन-चरित्र का संकेत मिलता है, किंतु इन दोनों रचनाओं को सूरकृत माननेवाले आलोचकों में डॉ. हरवंशलाल शर्मा सूरसारावली की छंद संख्या 1103 को और साहित्य-लहरी की पद संख्या 109 को प्रक्षिप्त मानते हैं। साथ ही, साहित्य-लहरी के काल सूचक पद्यांश के अनेक अर्थ किए गए हैं; इसलिए उसका काल-सूचक महत्व नष्ट हो गया है।
4. सूरसारावली और साहित्य-लहरी को सूरदास की प्रामाणिक रचनाएँ मानने वाले आलोचकों ने भी सूर की भक्ति-भावना और काव्य के स्वरूप, शक्ति और सीमा के विवेचन में एक मात्र सूरसागर को ही आधार और प्रमाण माना है, सूरसारावली या साहित्य-लहरी को नहीं। हाँ, कभी-कभी सूर-साहित्य में नितांत सांप्रदायिक तत्वों की खोज के लिए सूरसारावली और साहित्य-लहरी का सहारा लिया गया है। यद्यपि सूरसागर में पुष्टि संप्रदाय के सिद्धांत-पुष्ट पद भी प्राप्त होते हैं और नायक-नायिका-भेद के अनेक रूप सहज ही मिल सकते हैं, किंतु सूरदास ने न तो साग्रह सिद्धांत की चर्चा की है और न लक्षण

ग्रंथों के अनुरूप नायक-नायिका-भेद का अनुकरण ही किया है। सूरदास ने सूरसागर में श्रीकृष्ण की बाल, किशोर और मधुर लीलाओं की रसात्मक व्यंजना की है। अतः साहित्य-लहरी सूरदास के भक्त और कवि के प्रतिकूल होने के कारण उनकी रचना प्रतीत नहीं होती है।

सूर-साहित्य के अध्ययन, मनन और विश्लेषण से चिन्तनशील मानस को सहज ही यह निष्कर्ष प्राप्त हो जाता है कि सूरदास में जन-जीवन के मूल तत्वों का ज्ञान और भक्ति की भावना का बोध इस प्रकार समन्वित है कि संपूर्ण सूर-साहित्य में व्यक्ति है और समाज भी, राग है और विराग भी, भावविह्वल हृदय है और चिन्तनशील मस्तिष्क भी। उसमें गृहस्थ और साधु तथा भक्त और भावुक सबकी भावना और आदर्श का समन्वय है। सूर-साहित्य की सीमा में प्रवेश करने वाले प्रत्येक सहृदय को उसमें उसके मन एवं आत्मा की आत्मीय भंगिमाएँ मिलेंगी, उसमें अतीत की झाँकी, वर्तमान का संबल और भविष्य का आदर्श प्राप्त होगा। सूरदास ने जीवन के विभिन्न उदात्त पक्षों का उद्घाटन कर उन्हें काम्य और कमनीय बना दिया है तथा संपूर्ण रागों का कृष्णार्पण कर उन्हें दिव्य आभा से मंडित कर दिया है।

**2**

## सूर का काव्य और किसान-जीवन

हिंदी साहित्य में महात्मा सूरदास को तो बहुत सम्मान मिला है, लेकिन महाकवि सूरदास के महत्व की व्याख्या करने वाला आलोचनात्मक विवेक विरल ही है। हर अच्छी कविता की तरह सूर की कविता भी श्रद्धा से अधिक समझ की मांग करती है। रामचंद्र शुक्ल और हजारीप्रसाद द्विवेदी ने सूर के काव्य की व्याख्या को जहाँ छोड़ा था वहाँ से आज भी वह बहुत आगे नहीं बढ़ी है। आचार्य शुक्ल की आलोचना से सूर की कविता के विशिष्ट स्वरूप की पहचान की शुरुआत हुई। उन्होंने सूर की सहृदयता, कल्पनाशीलता, तन्मयता, नवीन प्रसंगों की उद्‌भावना शक्ति, वाग्विदग्धता और काव्यभाषा की अपूर्व सृजनशीलता की व्याख्या करते हुए सूर-साहित्य की आलोचना का मार्ग बनाया। लेकिन उनकी आलोचना में कुछ ऐसे आग्रह भी है, जिनसे सूर की परवर्ती आलोचना प्रभावित हुई है। उनका एक आग्रह यह है कि सूर के काव्य में लोक-संग्रह का अभाव है। आचार्य शुक्ल ने लिखा है :

"सूरदास जी अपने भाव में मग्न रहने वाले थे, अपने चारों ओर की परिस्थिति की आलोचना करने वाले नहीं। संसार में क्या हो रहा है, लोक की प्रवृत्ति क्या है, समाज किस ओर जा रहा है इन बातों की ओर उन्होंने अधिक ध्यान नहीं दिया है।" (सूरदास, पृ. 191)

हजारीप्रसाद द्विवेदी के सामने शुक्ल जी की सूर-संबंधी मान्यताएँ थीं इसलिए उन्होंने शुक्ल से भिन्न दृष्टि से सूर के काव्य को देखा, कहीं शुक्ल जी की मान्यताओं का विरोध किया है तो कहीं विकास भी। द्विवेदी जी ने सूर की काव्यानुभूति की शास्त्र-निरपेक्षता और रचनादृष्टि की नवीनता की व्याख्या की है और उनके कवि-व्यक्तित्व की स्वाधीनता, प्रेम के विद्रोही स्वभाव, सूरसागर में स्त्री-चरित्रों की प्रधानता, पदों की रचनापद्धति की मौलिकता आदि का मूल्यांकन किया है। इस तरह सूर के काव्य की लोकोन्मुखता और सामाजिकता उजागर हुई है।

बाद के दिनों में सूर-साहित्य की व्याख्या के लिए जो सत्संगी आलोचना आगे आई, उसकी दिलचस्पी महात्मा सूरदास में अधिक थी और महाकवि सूरदास में बहुत कम। इस आलोचना में बुद्धि की जगह श्रद्धा ने ले ली। फिर 'चौरासी वैष्णवों की वार्ता' और 'दो सौ बावन वैष्णवों की वार्ता' के आधार पर सूर के जीवन और काव्य में वल्लभ संप्रदाय की छाप की खोज होने लगी। लक्ष्य था सूर को 'पुष्टिमार्ग का जहाज' सिद्ध करना, ताकि आलोचना लोक-परलोक दोनों को सुधारने का साधन बन सके। सूर-साहित्य की व्याख्या में सत्संगी आलोचना की वही भूमिका है जो तुलसी-साहित्य के प्रसंग में कथावाचकों की परंपरा की।

## भक्तिकाव्य और प्रगतिशील आलोचना

रामचंद्र शुक्ल और हजारीप्रसाद द्विवेदी की आलोचना-दृष्टियों को, और साथ ही भक्तिकाव्य की उनकी व्याख्याओं को विकसित करने का प्रयत्न प्रगतिशील आलोचकों ने किया है। प्रगतिशील आंदोलन के आरंभ से ही भक्ति आंदोलन और उसके काव्य के मूल्यांकन का प्रश्न प्रगतिशील आलोचकों के बीच उग्र विवाद का विषय रहा है और आज भी है। रामविलास शर्मा और नामवर सिंह के बीच आपनी-अपनी परंपराओं की खोज और रक्षा के लिए आलोचना का जो महाभारत हुआ है, उसका कुरुक्षेत्र भक्तिकाव्य ही है। प्रायः प्रगतिशील आलोचना में भक्तिकाव्य पर बहस के केंद्र में कहीं कबीरदास हैं तो कहीं तुलसीदास। यह आश्चर्य की बात है कि इन बहसों के केंद्र में सूरदास कहीं दिखाई नहीं देते। वे

अगर कहीं हैं तो हाशिए पर।

इसका कारण बहुत रहस्मय नहीं है। प्रगतिशील आंदोलन के आरंभिक दौर की आलोचना में कविता की जो समझ थी और साहित्य में समाज को खोजने की जो पद्धति थी, उसके लिए कबीर और तुलसी के काव्य का अपनाव और उपयोग आसान था। वह आलोचना कविता में सतह पर तैरती विचारधारा और सामाजिक यथार्थ के प्रत्यक्ष वर्णन की खोज करती थी। ये दोनों बातें कबीर और तुलसी के काव्य में आसानी से मिल जाती थीं, इसीलिए उस ओर आलोचना का झुकाव स्वाभाविक था। सूर की कविता की विशिष्ट बनावट के भीतर समाविष्ट समाज और सामाजिक चिंता को वह आलोचना देख नहीं पाती थी। यही कारण है कि सूर हाशिए पर रहे।

सूरदास न कबीर की तरह समाज-सुधारक हैं और न तुलसी की तरह उपदेशक। उनके काव्य में कबीर के समान उस समय के समाज की कड़ी आलोचना नहीं है और न तुलसी के समान समाज की व्यवस्था तथा मर्यादा की रक्षा का आग्रह। वे प्रेम और सौंदर्य के अनंत अनुभवों के अनुपम शब्द-शिल्पी हैं। सूर की कविता विचारधारात्मक बयान देने वाली बातूनी कविता नहीं है। यहाँ तक कि उन्हें जिस वल्लभ संप्रदाय का कवि कहा जाता है, उसके आग्रहों से भी उनकी कविता मुक्त ही है। उनकी कविता पर वल्लभ संप्रदाय की छाप लगाने और सूरसागर को भागवत का अनुवर्ती बनाने का काम बाद में संप्रदाय के सेवकों ने किया है। सूरसागर में लोक-चिंता काव्यानुभूति के प्रवाह में अंतर्धारा की तरह है, सतह पर तैरती लकड़ी जैसी नहीं। उसमें समाज का प्रत्यक्ष वर्णन कम है, परंतु मानवीय संबंधों के चित्रण और काव्यभाषा की संरचना में चित्र और प्रतिबिंब मौजूद हैं। वहाँ भाषा के लाक्षणिक प्रयोग सामाजिक अनुभवों और सच्चाइयों की ओर इशारा करते हैं। सूरदास सामाजिक यथार्थ का सीधे वर्णन करने के बदले उसके अनुभव का अभिव्यक्ति के उपकरण के रूप में उपयोग करते हैं।

सूर की कविता अपने समय के समाज के पीछे चलने या उसकी आलोचना करने के स्थान पर उस सामंती समाज की व्यवस्थाओं, संस्थाओं और रूढ़ियों के दमनकारी प्रभावों का निषेध करत हुई एक ऐसे समाज की रचना करती है जिसमें लोक और शास्त्र के बंधनों से स्वतंत्र मानवीय भावों और मानवीय संबंधों का सहज स्वाभाविक विकास संभव हुआ है। उनकी कल्पना के वृंदावन में वात्सल्य की चरम सहजता और प्रेम की परम स्वतंत्रता का अनुभव सामंती सामाजिकता के आतंक से एकदम मुक्त है। भक्तिकाल के दूसरे कवियों ने भी

कल्पना लोकों की सृष्टि की है। जायसी का 'सिंहलद्वीप' और तुलसी का 'रामराज्य' कल्पना लोक ही है। सूर का वृंदावन जायसी के सिंहलद्वीप और तुलसी के रामराज्य की तुलना में उस काल के सामंती समाज की सीमाओं से अधिक स्वतंत्र है। उसमें स्वतंत्र मानवीय संबंधों की आकांक्षा अधिक मूर्त और ग्राह्य रूप में व्यक्त हुई है। वह मानवीय भावों की शक्ति और मानवीय संबंधों के सौंदर्य का बोध जगाने वाला कल्पनालोक है। इसी विशेषता के कारण सूर का काव्य अपने समय की पुकार होते हुए कालातीत भी है। नाभादास ने भक्त कवियों में केवल सूरदास को 'कवियों का कवि' ठीक ही कहा है : 'सूर कवित सुनि कौन कवि जो नहिं सिर चालन करै।'

सूरदास कवियों के कवि इसलिए भी हैं कि उन्होंने ब्रजभाषा-काव्य की जो परंपरा निर्मित की, वह बाद के लगभग चार सौ वर्षों तक चलती रही। सूर को समाज और साहित्य से जो ब्रजभाषा मिली थी उसे पहले से अधिक विकसित, परिष्कृत और अभिव्यंजक बनाकर उन्होंने बाद के कवियों को सौंपा। तभी वह चार सौ वर्षों तक काव्यभाषा बनी रही। यद्यपि सूर की कविता बाद के कवियों के लिए कठिन चुनौती साबित हुई; क्योंकि आचार्य शुक्ल के शब्दों में, "वात्सल्य और श्रृंगार के क्षेत्र में तो इस महाकवि ने मानो औरों के लिए कुछ छोड़ा ही नहीं।" फिर भी परवर्ती काव्य-परंपरा पर सूर का प्रभाव पड़ा है। वे तुलसी की तरह अपनी परंपरा के अंतिम कवि नहीं हैं, एक विशाल काव्य-परंपरा के प्रवर्तक कवि है। उनके वात्सल्य चित्रण की अद्वितीयता आज भी अक्षुण्ण है, जिसके अनुकरण का प्रत्येक प्रयत्न दुस्साहस साबित हुआ है। लेकिन उनके श्रृंगार की परंपरा रीति काल में भी चली है, पर उसमें लोकगीतों का वह उत्सवधर्मी संगीत नहीं है जो सूर के प्रेम की मुख्य विशेषता है।

सूर-साहित्य की आलोचना के इतिहास से स्पष्ट है कि अच्छी कविता में अंतर्निहित समाज और लोक-चिंता की पहचान का काम सचमुच कठिन है। कवि के भौतिक परिवेश और कविता के विचारधारात्मक आग्रहों के आसपास ही मंडराने वाली आलोचना के लिए तो वह और भी दुष्कर है। यद्यपि आचार्य शुक्ल मानते थे कि सूर की कविता में लोक-संग्रह का अभाव है, फिर भी उनकी आलोचना में ऐसे अनेक सूत्र और संकेत हैं, जिनके सहारे उस काव्य में कहीं प्रत्यक्ष रूप में व्यक्त और कहीं परोक्ष रूप से व्याप्त लोक-चिंता की खोज संभव है। परंतु बाद के कुछ आलोचकों ने शुक्ल जी के संकेतों की दिशा को समझकर आगे बढ़ने के बदले उन संकेतों को ही लक्ष्य मान लिया और उन्हें सिद्ध करने की कोशिश की।

## सूर का गोचारण-काव्य

आचार्य शुक्ल का एक संकेत यह है कि सूरसागर में पशुचारण-काव्य की प्रवृत्ति मिलती है। उन्होंने लिखा है : 'बाल लीला के आगे फिर उस गोचारण का मनोरम दृश्य सामने आता है, जो मनुष्य जाति की अत्यंत प्राचीन वृत्ति होने के कारण अनेक देशों के काव्य का प्रिय विषय रहा है। यूनान के पशुचारण-काव्य का मधुर संस्कार यूरोप की कविता पर अब तक कुछ न कुछ चला ही आता है। कवियों को आकर्षित करने वाली गोप-जीवन की सबसे बड़ी विशेषता है प्रकृति के विस्तृत क्षेत्र में विचरने के लिए सबसे अधिक अवकाश। कृषि, वाणिज्य आदि और व्यवसाय जो आगे चलकर निकले, वे अधिक जटिल हुए- उनमें उतनी स्वच्छंदता न रही।' (सूरदास, पृ. 160)

आचार्य शुक्ल के अनुसार, समाज के विकास के साथ पशुचारण-काव्य का भी विकास हुआ है। कृषि तथा व्यापार के युगों में भी गोचारण-काव्य रचा जाता है, क्योंकि कृषि तथा व्यापार की व्यवस्थाओं से उपजी जटिलताओं से निकलकर प्रकृति के स्वछंद वातावरण में विचरने की मानवीय आकांक्षा की अभिव्यक्ति का एक माध्यम है गोचारण-काव्य। तात्पर्य यह है कि गोचारण-काव्य सामंती और पूँजीवादी समाजों के जटिल बंधनों से मानव-मन की मुक्ति में सहायक बनता है। इस तरह कभी-कभी मानव समाज के इतिहास के सुदूर अतीत की स्मृति भी भविष्य की संभावनाओं की तलाश में मनुष्य की मदद करती है। आधुनिक युग में भी किसी न किसी रूप में गोचारण-काव्य की रचना का यही रहस्य है।

यूरोप में पशु-चारण-काव्य की परंपरा अत्यंत लंबी और समृद्ध है। यूनान के थियोक्रिटस और रोम के वर्जिल से शुरू होकर अंग्रेजी के स्पेंसर, शेक्सपियर, वड्र्सवर्थ आदि से होती हुई पशु-चारण-काव्य की परंपरा बीसवीं सदी तक चली आई है। जाहिर है, समाज के इतिहास के साथ पशु-चारण-काव्य का रूप ही नहीं, उसका प्रयोजन भी बदलता रहा है। विकास की प्रत्येक अवस्था में उसके स्वरूप का समकालीन सामाजिक संबंधों से गहरा रिश्ता दिखाई देता है और उसके सामाजिक, नैतिक तथा भावात्मक प्रयोजनों पर समकालीन जीवन का गहरा प्रभाव पड़ता रहा है। वहाँ के आलोचक पशु-चारण-काव्य के विकास और परिवर्तन के बारे में सजग दिखाई देते हैं। वे वड्र्सवर्थ की पशु-चारण संबंधी कविता में वर्जिल के पशु-चारण-काव्य की विशेषताएँ नहीं खोजते। लेकिन हिंदी के आलोचक सूर के गोचरण-काव्य को आदिम गोचारण-काव्य मानते दिखाई देते हैं। भारतीय कविता में गोचारण-काव्य की परंपरा यूरोप के समान सघन और

समृद्ध नहीं है। यहाँ वैसी निरंतरता भी नहीं है। फिर भी, यहाँ जो है वह गो-चारण संबंधी ग्वाल-गीतों के रूप में मिलता है, जबकि यूरोप का पशु-चारण-काव्य मुख्यतः गड़ेरियों के गीतों से जुड़ा हुआ है। हिंदी में गोचारण-काव्य की प्रवृत्ति का सार्थक प्रयोग केवल सूर के काव्य में है।

आचार्य रामचंद्र शुक्ल जब कहते हैं कि सूरसागर में बाललीला के बाद गोचारण का मनोरम दृश्य सामने आता है तब उनका आशय यह नहीं है कि सूर का संपूर्ण काव्य गोचारण-काव्य है, और यह भी नहीं कि वह प्रागैतिहासिक पशु-चारण-काव्य है। फिर भी हिंदी के कुछ आलोचकों ने सूरदास को चरागाह संस्कृति का कवि घोषित कर दिया है। और तो और, डॉ. रामविलास शर्मा भी सूर को पशुपालकों का कवि मानते हैं। उन्होंने सन् 1984 में लिखा था, ''कबीर शहरी कारीगरों के, सूर पशु-पालकों के, तुलसी किसानों के जीवन से जुड़े हुए हैं। दार्शनिक मतवाद की छानबीन में विवेचक इनके भौतिक परिवेश की विशेषताएँ भूल जाते हैं। किसान-जीवन के चित्र कबीर और सूर के काव्य में नहीं हैं, वे तुलसी के काव्य की विशेषताएँ हैं।'' (मार्क्सवाद और प्रगतिशील साहित्य, पृ. 344) साल-भर बाद ही उन्होंने 'लोकजागरण और हिंदी साहित्य' में लिखा, ''किसान-जीवन के चित्र कबीर और सूर के काव्य में नहीं हैं-मेरी यह बात केवल सापेक्ष रूप में सही है। कबीर और सूर किसान-जीवन से परिचित हैं पर इस जीवन की समग्रता तुलसी के काव्य में है, उस युग के अन्य किसी कवि में नहीं।'' (पृ. 74)

साल भर के भीतर डॉ. रामविलास शर्मा के मत में यह परिवर्तन और फिर उसका स्वीकार आश्चर्यजनक है, लेकिन स्वीकार की शैली और भी अधिक चकित करने वाली है। किसान-जीवन से कबीर और सूर के संबंध की बात आधे मन से मानने के साथ ही इस पूर्वग्रह को पहले से अधिक जोर देकर दोहराया गया है कि उस युग में किसान-जीवन के प्रतिनिधि कवि तुलसीदास हैं, कोई और नहीं। क्या सचमुच ऐसा है कि सूरदास तो किसान-जीवन से सिर्फ परिचित हैं, लेकिन तुलसी किसानों के प्रतिनिधि कवि? आखिर किसान-जीवन की वह कौन सी समग्रता है जो तुलसी के काव्य में है, पर सूर या उस युग के किसी अन्य कवि में नहीं? इन प्रश्नों का उत्तर पाने के लिए कवियों के काव्य-संसार के भीतर जाना होगा, उनके केवल भौतिक परिवेश को याद रखना पर्याप्त नहीं होगा; क्योंकि तीनों महाकवियों के भौतिक परिवेश की बात उलझी हुई है। कबीर कारीगर हैं, लेकिन सूर पशुपालक नहीं। तुलसी के किसान होने का कोई प्रमाण नहीं हैं। ऐसी स्थिति में इन कवियों के भौतिक परिवेश की बात साक्षेप रूप में ही सही है।

## गोचारण-प्रसंग और किसान-जीवन

यहाँ हमारा लक्ष्य केवल सूर के काव्य-संसार से किसान जीवन के संबंध का विवेचन है। आइए, पहले हम यह देखें कि सूरसागर के गोचारण-प्रसंग का किसान जीवन से कोई संबंध है या नहीं। सोलहवीं सदी के भारतीय समाज का कवि प्रागैतिहासिक गोचारण का कवि कैसे हो सकता है? सूर के काव्य में ऐसा समाज है जिसमें पशुपालन कृषिव्यवस्था का अंग है और गोचारण किसान-जीवन के व्यापक अनुभवों का हिस्सा। ग्राम-समाज और किसान-जीवन में लोक-अनुभव और लोक-कला के पुराने रूप बहुत दिनों तक जीवित रहते हैं, इसलिए उस समाज और जीवन से जुड़ी कविता में नए के साथ पुराने अनुभवों और कलारूपों का आना स्वभाविक है। सूर के काव्य में गोचारण का जो चित्रण है उसमें उस काल के गोचारण संबंधी अनुभवों के साथ अतीत के अनुभवों की स्मृति भी है, उनके गोचारण-गीतों में पुराने ग्वाल-गीतों की अनुगूँज मौजूद है, इसलिए सूरसागर के गोचारण-गीतों को चरागाह संस्कृति की कविता या आदिम गोचारण-काव्य समझना गलत है। सूर का काव्य अपने समय और समाज से जुड़ा हुआ काव्य है।

कविता में जीवन के यथार्थ और अनुभव की अभिव्यक्ति दो रूपों में होती है- प्रत्यक्ष और सांकेतिक। एक में यथार्थ और अनुभव का सीधा वस्तुपरक वर्णन होता है और दूसरे में अलंकारों, बिंबों, प्रतीकों तथा भाषा के अन्य इशारों के माध्यम से कवि यथार्थ और अनुभव की ओर संकेत करता है। प्रत्यक्ष रूप में चित्रित यथार्थ और अनुभव की पहचान सरल होती है, लेकिन जहाँ सांकेतिकता होती है वहाँ पहचान की प्रक्रिया कठिन हो जाती है। सूर के काव्य में किसान-जीवन दोनों रूपों में है। यहाँ किसान-जीवन के यथार्थ का जितना प्रत्यक्ष चित्रण है, उससे अधिक किसान-जीवन के अनुभवों की सांकेतिक व्यंजना है। विनय के पदों में किसान-जीवन के यथार्थ के प्रातिनिधिक चित्र अधिक हैं, जबकि भ्रमरगीत में मुहावरों, कहावतों, लोकोक्तियों और अलंकारों के माध्यम से उस जीवन के अनुभव सांकेतिक रूप में आए हैं।

किसान-जीवन की पहचान है खेती। वही उस जीवन का सबसे बड़ा यथार्थ भी है। खेती की पूरी प्रक्रिया का समग्र चित्र सूर के इस पद में है :

> प्रभु जू यौं कीन्हीं हम खेती
> बंजर भूमि गाउं हर जोते, अरू जेती की तेती।
> काम क्रोध दोउ बैल बली मिलि, रज तामस सब कीन्हौं।

अति कुबुद्धि मन हांकनहारे, माया जूआ दीन्हौं।
इन्द्रिय मूल किसान, महातृन अग्रज बीज बई।
जन्म जन्म को विषय वासना, उपजत लाता नई।
कीजै कृपादृष्टि की बरषा, जन की जाति लुनाई।
सूरदास के प्रभु सो करियै, होई न कान-कटाई।

(सूर सागर, भाग-1, पद सं. 185)

इस रूपक में खेती से संबंधित सभी आवश्यक बातें आ गईं; खेती के साधन, उसकी प्रक्रिया, कठिनाइयाँ और किसान के श्रम को कभी सार्थक, कभी निरर्थक बनाने वाली वर्षा भी।

सूर के काव्य में खेती से जुड़ी हर छोटी-बड़ी बात का जितना आत्मीय ज्ञान है, वह किसान-जीवन से तादात्म्य के बिना संभव नहीं। उसमें खेती की भूमि के गुण-धर्म की पूरी पहचान है। कहीं बंजर भूमि की चर्चा है तो कहीं ऊजड़ जमीन की–'ज्यौं ऊजर खेरे की पुतरी को पूजै को मानै।' कभी-कभी किसान खाल खेत को पाटकर खेती के योग्य बनाता है। सूर ने इस प्रक्रिया की ओर संकेत किया है–'सूर खाल किन पाटत।' विभिन्न पौधों की प्रकृति और वर्षा से उनके संबंध का जैसा ज्ञान सूर को है, वैसा किसी किसान को ही होगा। धान का पौधा पानी की कमी से मुरझाकर मर जाता है। कृष्ण के बिना गोपियों की यही दशा है– 'सूखति सूर धान अंकुर सी, बिनु बरसा ज्यौं मुल तुई।' कुछ पौधे नमी की कमी से मरते हैं तो कुछ नमी की अधिकता से। उन्हें एक साथ उपजाने की कोशिश व्यर्थ है, जैसे कि प्रेम के साथ योग को रखने की कोशिश–'सूरदास तीनौ नहिं उपजत धनियाँ धान कुम्हाड़े।' सूरदास जानते हैं कि खेती के पौधों के समुचित विकास के लिए निराई आवश्यक है, इसलिए लिखा है–'जैसे प्रथम अषाढ़ आजु तृन खेतिहर निरखि उपाटत।' यहाँ निराई की केवल सूचना नहीं है, निराई की पूरी प्रक्रिया का चित्र सामने आता है। यह चित्रमयता सूर की काव्यभाषा की स्थायी विशेषता है।

तुलसी के काव्य में भी खेती से संबंधित कुछ बातें मिल जाती हैं। उनमें से एक यह है–'कृषि निरावहिं चतुर किसान।' कुछ तुलसी-भक्त इसको बार-बार उद्धृत करते हुए कहते हैं कि उस युग में किसानों के प्रतिनिधि कवि केवल तुलसीदास हैं। शायद वे यह नहीं जानते कि तुलसी से पहले और अधिक काव्योचित ढंग से यही बात सूरदास कह चुके हैं। लगता है कि भक्तिकाव्य में ज्ञान से भक्ति का स्थायी विरोध भले ही न हो, लेकिन भक्तिकाव्य की हिंदी आलोचना में भक्ति का ज्ञान से स्थायी विरोध जरूर है।

खेती के साथ-साथ किसान-जीवन का एक और महत्वपूर्ण पक्ष है पशुपालन। यह आज भी किसान-जीवन की वास्तविकता है। सूर के समय में तो पशुपालन का खेती से संबंध और भी घनिष्ठ रहा होगा। यही कारण है कि किसान-जीवन से जुड़े कवि के लिए पशु-प्रकृति की पहचान जरूरी है। विशेषतः गोपाल की लीला के गायक कवि के लिए तो गाय के रूप, रंग और स्वभाव में गहरी दिलचस्पी अनिवार्य है। सूर के विनय के पदों में गाय के स्वभाव से संबंधित अनेक रूपक हैं। एक पद में हरही गाय के स्वभाव का विस्तृत वर्णन है :

माधौ जू, यह मेरी इक गाई
अब आज तैं आप आगैं दई, लै आइयै चराइ।
यह अति हरहाई, हटकत हूँ बहुत अमारग जाति।
फिरति वेद-वन-ऊख उखारति, सब दिन अरू सब राति।
हित करि मिलै लेहु गोकुलपति, अपने गोधन माँह। (1/15)

गायों के रूप, रंग और व्यवहार का वर्णन गोचारण-प्रसंग में भी हुआ है। वहाँ गायों के रूप-रंग के अनुसार उनके नामों का भी उल्लेख है :

अपनी-अपनी गाई ग्वाल सब, आनि करौ इक ठौरी।
धौरी, धूमरि, राती, रौंधी, बोल बुलाइ चिन्हौरी।
पियरी, मोरी, गोरी, गैनी, खैरी, कजरी, जेती।
दुलही, फुलही, भौंरी, भूरी, हांकि ठिकाई तेती। (1/1063)

गायों के नाम, रूप और स्वभाव का यह वर्णन उन लोगों को विचित्र लगेगा जो डेयरी का दूध पीकर जवान हुए हैं, लेकिन गांव वालों के लिए आज भी गायों के ये नाम सहज और आत्मीय हैं।

सूर के काव्य में जिस किसान-जीवन का चित्रण है, उसका एक विशेष सामाजिक और ऐतिहासिक संदर्भ है। वह संदर्भ सामंती व्यवस्था का है, जिसके भीतर किसान-जीवन के अनुभवों का स्वरूप बना है। सूर की विशेषता यह है कि उन्होंने सामंती-व्यवस्था के संदर्भ के साथ किसान-जीवन के अनुभवों का चित्रण किया है। उसमें सामंती-व्यवस्था के अत्याचार और किसानों की यातना को मूर्त और इंद्रियग्राह्य बनाने के लिए रूपक का सहारा लिया गया है। एक रूपक में किसानों की निर्धनता के कारण लगान देने में असमर्थता, सामंतों की लूट और उनके कपटी कर्मचारियों के अनाचार का वर्णन इस रूप में है :

अधिकारी जम लेखा मांगै, तातैं हौं आधीनौ।
घर मैं गथ नहिं भजन तिहारो, जौन दिय मैं छूटौं।
धर्म जमानत मिल्यों न चाहै, तातैं ठाकुर लूटौ।

अहंकार पटवारी कपटी, झूठी लिखत बही।
लागै धरम, बतावै अधरम, बाकी सबै रही।
सोई करौ जु बसतै रहियै, अपनौ धरियै नाउँ।
अपने नाम की बैरख बांधौ, सुबस बसौं इहिं गाउँ।

(सूरसागर, 1/185)

सामंती-व्यवस्था में लगान की लूट के साथ सूदखोरी की प्रथा भी किसानों को तबाह करती रही है। भारतीय किसान-जीवन के नए-पुराने सभी बड़े लेखकों की रचनाएँ इस बात की गवाही देती हैं। सूरदास ऋण की प्रथा की क्रूरता से खूब परिचित हैं, इसीलिए लिखा है :

सबै कूर मोसों ऋण चाहत, कहौ कहा तिन दीजै।
बिना दियै दुख देत दयानिधि, कहौ कौन विधि कीजै।

(सूरसागर, 1/196)

इस पद में ऋण की प्रथा से संबंधित अधिकतर पक्षों का उल्लेख है। ऋण की प्रथा का शोषण की व्यवस्था से गहरा संबंध होता है, इसलिए उसका विस्तार सामंतवाद से पूंजीवाद तक और पड़ोस के महाजन से विदेशी बैंकों तक दिखाई देता है। सूर के मन पर ऋण-प्रथा की क्रूरता का इतना गहरा प्रभाव है कि वे गोपियों की विरह-वेदना की गंभीरता व्यक्त करने के लिए उसका लाक्षणिक उपयोग करते हैं–'सूर मूर अक्रूर लै गयो, ब्याज निवेरत ऊधौ।' कृष्ण मूलधन है और उनकी स्मृति ब्याज है, मूलधन तो अक्रूर ले गए पर अब ब्याज वसूल करने उद्धव आए हैं। मूलधन लौटाने से अधिक दुखदायी होता है ब्याज देना, इसलिए उद्धव का व्यवहार गोपियों को अधिक पीड़ादायक लगता है।

सामंती-व्यवस्था के सेवक पुरोहितों ने ऋण की प्रथा को धर्म से जोड़ा और उसके बंधनों को अकाट्य बनाने के लिए उसके दुष्प्रभावों का लोक से परलोक तक विस्तार किया, ताकि कर्ज लेने वाला किसी भी हालत में कर्ज देने से मुकर न जाय। सूर ने इस स्थिति की ओर भी संकेत किया है :

मुकरि जाई कै दीन बचन सुनि जमपुर बांधि पठावैं।
लेखौं करत लाखही निकसत, को गनि सकत अपार।

(सूरसागर, 1/196)

हिंदी में ऐसे आलोचकों का अभाव नहीं है जो कहते हैं कि कविता की व्याख्या में समाज को लाना कविता के साथ अत्याचार है। लेकिन जिस कविता में समाज होगा उसकी व्याख्या सामाजिक चिंता के बिना कैसे होगी? जो व्यक्ति ऋण की प्रथा की क्रूरता से अपरिचित होगा वह 'सूर मूर अक्रूर ले गयो, ब्याज

निबेरत ऊधौ' में निहित अर्थ की गहराई और गोपियों की यातना की गंभीरता भी नहीं समझ सकता।

सूर के काव्य में सामंती-व्यवस्था का जो चित्र उभरता है उसमें ठाकुर लुटेरा है, कोतवाल दगाबाज और पटवारी कपटी; जो झूठी बही लिखता है। इस लूट और झूठ की व्यवस्था के कुछ अन्य अमलों के क्रिया-कलाप का ब्यौरा यह है :

मोहरिल पाँच साथ करि दीने, तिनकी बड़ी विपरीति।
जिम्मैं उनके, माँगैं मोतैं, यह तौ बड़ी अनीति
पाँच-पचीस साथ अगवानी, सब मिलि काज बिगारे।
सुनी तगीरी, बिसरि गई सुधि, मो तजि भए नियारे।
बढ़ौ तुम्हार बरामद हूँ कौ लिखि कीनौं है साफ
सूरदास की यहै बीनती दस्तक कीजै माफ।

(सूरसागर, 1/143)

विनय के पदों में उस समय की शासन-व्यवस्था, ग्राम-प्रबंध और भूमि-व्यवस्था का जो वर्णन है उसकी शब्दावली भी ध्यान देने लायक है। इसमें ज्यादातर शब्द अरबी-फारसी के हैं। वे मुगलकाल की शासन-व्यवस्था की प्रचलित शब्दावली से आए हैं और 'आईने-अकबरी' में भी मिलते हैं। सूर की इस सजगता से जाहिर है कि वे अपने समय के समाज से बेखबर कवि न थे।

सूरदास सामाजिक यथार्थ और जीवन के अनुभवों का चित्रण प्रायः रूपकों की मदद से करते हैं। 'जनम साहिबी करत गयौ', 'हरि हौं सब पत्तिनि-पतिनेश', 'साँचौं सो लिखहार कहावै', 'हरि हौं ऐसे अमल कमायौ', 'प्रभुजू यौ किन्ही हम खेती' आदि पदों में रूपक के माध्यम से ही उस काल की सामंती सत्ता, सामाजिक व्यवस्था, ग्राम-प्रबंध, भूमि-व्यवस्था और किसान-जीवन के अनुभवों का चित्रण हुआ है। सूर के लिए रूपक केवल एक अलंकार नहीं है। वह यथार्थ और अनुभव की पुनर्रचना तथा अभिव्यक्ति की विशिष्ट पद्धति है, जीवनानुभव को काव्यानुभव बनाने का माध्यम है और काव्यानुभूति के संप्रेषण का सर्जनात्मक साधन है। किसान-जीवन से संबंधित रूपकों में प्रतिनिधिकता है और मूल्यबोध भी, वस्तुस्थिति का वर्णन है और उसके प्रति कवि की विशेष दृष्टि भी, किसान-जीवन का ज्ञान है और उससे सहानुभूति भी। यद्यपि इन पदों का उद्देश्य कवि की भक्ति-भावना की अभिव्यक्ति है, लेकिन अमूर्त भावों और विचारों को मूर्त तथा संवेद्य बनाने की प्रक्रिया में जो रूपक रचे गए हैं, उनमें सामाजिक जीवन के अनुभव व्यक्त हुए हैं। ये रूपक कवि के जीवनानुभव और

सामाजिक सहानुभूति की ओर संकेत करते हैं। इन रूपकों में भक्ति वह मचान है जिस पर किसान-जीवन के अनुभवों की कविता खड़ी है।

भ्रमरगीत में किसान-जीवन के अनुभवों का वस्तुपरक वर्णन नहीं है, क्योंकि उसमें कवि का मुख्य उद्देश्य है गोपियों की प्रेमानुभूति के विभिन्न पक्षों की अभिव्यक्ति। लेकिन वहाँ प्रेम की अनुभूति की संस्कृति, उसकी संरचना और अभिव्यक्ति में अनेक स्तरों पर किसान-जीवन के अनुभव उपस्थित हैं। वैसे कविता में जीवन की सच्चाईयाँ केवल वस्तु-रूप में नहीं आतीं, अभिव्यक्ति के साधनों के माध्यम से भी आती हैं। भ्रमरगीत में भी प्रायः किसान-जीवन के अनुभव काव्यशिल्प के विभिन्न साधनों के साथ कविता में आए हैं। यहाँ भाषा की बनावट, कथन की शैली, वचन-वक्रता, व्यंग्य, मुहावरों, कहावतों, अलंकारों आदि में किसान-जीवन के अनुभव आते हैं और सूर की काव्यानुभूति की संस्कृति के विशिष्ट स्वरूप का निर्माण करते हैं। साथ ही वे कवि के जीवनानुभवों का पता भी देते हैं; क्योंकि कवि की कल्पना अभिव्यक्ति के साधन जुटाने के लिए वहीं जाती है जो कवि के ज्ञान और अनुभव का क्षेत्र होता है।

संभव है, कुछ लोग इस बात पर चौंके कि सूर की कविता में अभिव्यक्ति-कला के माध्यम से जन जीवन के अनुभव आते हैं। लेकिन यही सच है। दूसरों की बात जाने दीजिए। देखिए कि इस प्रसंग में आचार्य रामचंद्र शुक्ल क्या कहते हैं। अभिव्यक्ति के अन्य साधनों, अर्थात मुहावरों और कहावतों आदि की कौन कहे, सूर तो अलंकारों के माध्यम से भी कविता में समाज के अनुभव लाते हैं। उनकी रचनादृष्टि की इस विशेषता को पहचानते हुए आचार्य शुक्ल ने लिखा है– "वस्तु-विन्यास का जो संकोच सूर की कविता में दिखाई देता है, उसकी बहुत कुछ कसर अलंकार-रूप में लाए हुए पदार्थों के प्राचुर्य द्वारा पूरी होती है। कहने का तात्पर्य यह है कि अप्रस्तुत रूप में लाए हुए पदार्थों की संख्या बहुत अधिक है।" (सूरदास, पृ. 153) सूर के काव्य में अलंकार कविता की केवल शोभा नही बढ़ाते, वे जीवन-जगत के अनुभव भी साथ लाते हैं; क्योंकि वे शास्त्र और परंपरा से नहीं, समकालीन जीवन के अनुभवों से आते हैं। भ्रमरगीत में कई बार रूपक का प्रयोग इसी प्रयोजन से हुआ है। एक पद में गाँव के कुम्हार की कारीगरी की पूरी प्रक्रिया का चित्रण है :

ऊधौ भली भई ब्रज आए।
विधि कुलाल कीन्हें काँचे घट ते तुम आनि पकाए।
रंग दीन्हौ हौ कान्ह सांवरैं अंग अंग चित्र बनाए।
पातैं गरे न नैन मेह तैं, अवधि अटा पर छाए।

ब्रज करि अँवा जोग ईंधन करि, सुरति आनि सुलगाए।
फूँक उसास बिरह प्रजरनि संग, ध्यान दरस सिमराए।

(सूरसागर, 2/4400)

ऐसा चित्र केवल सुनी-सुनाई बातों के आधार पर नहीं बनाया जा सकता।

आचार्य शुक्ल जिसे सूर की वाग्विदग्धता कहते हैं, वह केवल वचन-वक्रता और शब्द-क्रीड़ा नहीं है, उसमें व्यंग्य और बिनोद के साथ गहरी कल्पनाशीलता भी है। वही कल्पनाशीलता अलंकारों, मुहावरों और लोकोक्तियों की खोज में सक्रिय दिखाई देती है। अलंकारों, मुहावरों और लोकोक्तियों की खोज में सूर की कल्पना ग्राम-समाज की ओर जाती है; क्योंकि वही कवि के ज्ञान और अनुभव का परिचित क्षेत्र है और गोपियों का वास्तविक परिवेश भी। गोपियों की भाव-दशाओं को अधिक प्रभावशाली और चित्रात्मक रूप में व्यक्त करने के लिए यदि कहीं कोई अलंकार आता है तो वह किसान-जीवन के किसी न किसी अनुभव से जुड़ा होता है। कृष्ण के बिना गोपियों की विरह-विदग्ध दशा की व्यंजना सूर ने इस रूप में की है :

कछुवै कहति कछू कहि आवत, प्रेम पुलक स्रम स्वेद चुई।
सूखति सूर धान अंकुर सी, बिनु बरषा ज्यौं मूल तुई॥

(सूरसागर, 2/2473)

उद्धव-गोपी-संवाद में सूरदास गोपियों की मानसिकता और उसकी पृष्ठभूमि का ध्यान रखते हैं, इसलिए गोपियों की कथनशैली और वचन-वक्रता में उनके स्वभाव और परिवेश की झलक मिलती हैं वचन-चातुरी के बावजूद गोपियों की बातों में जो भावप्रवणता, निष्कपटता, सहजता और स्पष्टवादिता है वह गाँव की श्रमशील स्त्रियों की स्वाभाविक विशेषता है।

वास्तव में मनुष्य के सौंदर्यबोध का उसके भावबोध से और भावबोध का जीवन-जगत के अनुभव तथा ज्ञान से गहरा संबंध होता है। मनुष्य के सौंदर्य की कल्पना भी उसके अनुभव और ज्ञान के दायरे के भीतर ही क्रियाशील होती है। यही कारण है कि कविता में आए अलंकार, बिंब और प्रतीक भी कवि और कविता के देश-काल की ओर संकेत करते हैं। उदाहरण के लिए 'ढोला मारू रा दूहा' का यह दोहा देखिए और विचार कीजिए कि इसमें अलंकार और भाषा के माध्यम से राजस्थान का जीवन और परिवेश कैसे आया है–'हूँ कुमलावणी कंत विणु जलह बिहुणी बेल। बिणजारा री भाइ जिउँ गया धुकंती मेल।' (मैं जली-विहीन लता की तरह कंत के बिना कुम्हला गई हूँ । मेरा प्रिय बनजारे की भट्ठी के समान मुझे सुलगती छोड़ गया है।) इस दोहे की दूसरी पंक्ति में जो

अलंकार है वह कवि और कविता के देश-काल का द्योतक है। 'ठोला मारू रा दूहा' की तरह 'पद्मावत' और 'सूरसागर' में भी अभिव्यक्ति के उपकरणों के माध्यम से स्थानीय प्रकृति, लोक संस्कृति और जनजीवन के अनुभव कविता में आए हैं।

कहीं-कहीं सूरदास ने गोपियों की विरहानुभूति की अभिव्यक्ति के साधन के रूप में किसान-जीवन के अनुभवों का उपभोग किया है। उन्होंने किसान-जीवन की किसी वास्तविकता या स्थिति का ऐसा वस्तुपरक चित्रण किया है कि गोपियों की मनोदशा स्वतः व्यक्त हो जाती है। कृष्ण के व्यवहार से निराश और उद्धव के उपदेश से विक्षुब्ध गोपियाँ कभी-कभी खुद को कोसने लगती हैं। उनकी इस मनोदशा की अभिव्यक्ति के लिए किसान-जीवन के एक अनुभव का उपयोग इस तरह हुआ है :

ऐसो माई, एक कोद को हेतु।
... ... ...
जैसे करनि किसान बापुरौ नौ नौ बाहें देत।
ऐते हूं पर नीर निठुर भयौ, उमगि आय सब लेत ॥

गोपियों की व्यथा अथाह है। उन्होंने समाज के सभी बंधनों को तोड़कर कृष्ण से प्रेम किया, परंतु बदले में मिली अनंत वियोग की अपार वेदना। इस जटिल भावदशा की व्यंजना के लिए सूर ने किसान-जीवन के एक जटिल अनुभव का सहारा लिया है :

लरि मरि झगरि भूमि कछु पाई, जस अपजस बितई।
अब लौं सूर कहति है उपजी सब ककरी करुई ॥

सूरदास की काव्यभाषा का रचाव किसान-जीवन से उनके घनिष्ट संबंध का साक्षी है। इस भाषा की एक बड़ी विशेषता है किसान-जीवन से जुड़े मुहावरों, कहावतों और लोकोक्तियों का भरपूर प्रयोग, जिनमें खेती और पशुपालन के अनुभव संचित हैं। साथ ही बातचीत की शैली में भी किसान-जीवन की वास्तविक भाषा के रूप-रंग की चमक मिलती है। उद्धव से गोपियाँ जिस भाषा में विवाद और संवाद करती हैं, वह परंपरा से पाई हुई भाषा नहीं है। वह बोलचाल की जीवंत और संवादधर्मी भाषा है, इसलिए उसमें मुहावरों और कहावतों की अधिकता है। गोपियाँ कभी निर्गुण की निस्सारता साबित करने के लिए भोलेपन से पूछती हैं, 'कहो कौन पै कढ़त कनूका, जिन हठि भूसी पछौरी' तो कभी उद्धव के उपदेश की व्यर्थता पर चिढ़कर कहती हैं, 'कित पट पर गोता मारत हौ निरे भूंड के खेत।' बहुत वाद-विवाद के बाद भी उद्धव जब

गोपियों की बात नहीं समझते और अपनी जिद पर अड़े रहते हैं तब खीझकर गोपियां कहती हैं :

धान कौ गाँव पयार तैं जानौ, ज्ञान विषय रस भोरे।
सूर सु बहुत कहे न रहै रस, गूलर कौ फल फोरे॥

सूरसागर में ऐसे बहुत से पद हैं जो आरंभ से अंत तक मुहावरों और लोकोक्तियों की मदद से ही रचे गए हैं। ऐसे पदों का एक उदाहरण यह है :

आए जोग सिखावन पांडे।
परमारथी पुराननि लादे ज्यों बनजारे टांड़े।
हमरी गति पति कमलनयन की जोग सिखै ते रांड़े।
कहो, मधुप, कैसे समायंगे एक म्यान दो खांड़े।
कह षटपद, कैसे खैयतु है हाथिन के संग गांड़े।
काकी भूख गई बयारि भखि बिना दूध घृत मांड़े।
काहे को झाला लै मिलवत, कौन चोर तुम डांड़े।
सूरदास तीनों नहिं उपजत धनिया धान कुम्हाड़े॥

(सूरसागर, 2/4223)

सूरसागर में किसान-जीवन से संबंधित जो मुहावरे, कहावतें और लोकोक्तियाँ मिलती हैं वे आज भी किसानों में प्रचलित हैं। यह कहना कठिन है कि उनमें से कितने लोकजीवन से लिए गए हैं और कितने सूर के रचे हुए हैं। हिंदी के जो आलोचक कहते हैं कि हिंदी कविता की भाषा उर्दू की तरह मुहावरेदार नहीं होती वे सूर की कविता पढ़कर अपना भ्रम दूर कर सकते हैं। यह सही है कि आज की हिंदी कविता की भाषा में मुहावरों और कहावतों का अभाव है; क्योंकि वह प्रायः बोलचाल की भाषा से दूर है। आज के अनेक प्रगतिशील कवि भी लोकजीवन से जुड़ने के नाम पर बोलियों के कुछ शबदों से अपनी काव्य भाषा को छौंककर उसमें लोकजीवन का स्वाद पैदा करने की कोशिश करते हैं, लेकिन वहाँ बोलचाल की भाषा का अंदाज और मुहावरा नहीं मिलता।

सूरदास के सामने प्रेम-कविता की एक समृद्ध परंपरा थी और उसकी अत्यंत विकसित भाषा भी थी। उस परंपरा से मिली भाषा में कविता लिखकर वे प्रेम के अच्छे कवि हो सकते थे, लेकिन अपने ढंग के पहले और बेजोड़ कवि नहीं। सूर ने परंपरा से पाई भाषा में कविता लिखने के बादले किसान-जीवन की वास्तविक भाषा से अपनी कविता की दुनिया बनाई है, इसलिए उनकी काव्यभाषा में अनेक स्तरों पर ग्राम-समाज और किसान-जीवन प्रतिबिंबित है। वे ही यौवन को 'हरियर खेत' और प्रिय को 'हारिल की लकड़ी' कह सकते हैं।

वास्तव में सूर की भाषिक संवेदनशीलता में उनकी सामाजिक संवेदनशीलता प्रकट हुई है।

किसान-जीवन की समग्रता का एक महत्वपूर्ण पक्ष है प्रकृति से उसका विशेष संबंध। किसान के लिए प्रकृति पराई और दूर की वस्तु नहीं होती, इसलिए उससे किसान की सहज आत्मीयता होती है। प्रकृति के प्रति किसान के मन में शहरी लोगों जैसी ललक या मुग्धता नहीं मिलती। प्रकृति पर किसान का पूरा जीवन निर्भर है, वह प्रकृति के कोप और कृपा को सहज भाव से स्वीकार करता है। किसान-जीवन के राग-विराग, हर्ष-विषाद, उत्सव-अवसाद आदि में प्रकृति सक्रिय सहभागी होती है। यही कारण है कि लोकसंस्कृति में प्रकृति का इतना अधिक महत्व है। किसान-जीवन का कोई भी कलाकार प्रकृति से किसान के स्थायी और अंतरंग संबंध की उपेक्षा नहीं कर सकता। सूर के काव्य में प्रकृति उसी रूप में आई है जैसे वह किसान-जीवन से जुड़ी होती है।

सूर के काव्य में प्रकृति का विशेष महत्व है; क्योंकि वह कृष्ण-लीला की रंगभूमि है। गोचारण के साथ कृष्णलीला प्रकृति के स्वच्छंद परिवेश में प्रवेश करती है और चीरहरण-लीला, रासलीला, जलक्रीड़ा, पनघटलीला, दानलीला ओर वसंतलीला के रूपों में प्रकृति की गोद में ही विकसति होती है। कृष्ण की संपूर्ण लीला प्रकृति के स्वच्छंद परिवेश में जमुना के किनारे और वृंदावन में चलती है। यहाँ प्रकृति केवल पृष्ठभूमि नहीं है, वह लीला के स्वरूप और प्रेम की प्रकृति का निर्माण करने वाली सक्रिय शक्ति है। कृष्ण और गोपियों के प्रेम में जो सहजता, स्वच्छंदता तथा उत्सवधर्मिता है और लोक के बंधनों को अस्वीकार करने का साहस है, वह सब प्रकृति के स्वच्छंद वातावरण के कारण संभव हुआ है, अन्यथा सालहवीं सदी के भारतीय समाज में ऐसा प्रेम कहां संभव था। सूर के काव्य में प्रकृति सामंती रूढ़ियों से मानव-मन की मुक्ति का एक माध्यम है।

यद्यपि भ्रमरगीत में प्रकृति का परंपरागत रूप भी दिखाई देता है, उसका उद्‌दीपन के रूप में चित्रण मिलता है; लेकिन वर्षा ऋतु के वर्णन में सूर की रचनादृष्टि की विशिष्टता प्रकट हुई, जिसका एक उदाहरण है यह पद :

> बलैया लैहों, हो वीर बादर!
> तुम्हरे रूप सम हमरे प्रीतम गए निकट जलसागर॥
> पा लागों द्वारका सिधारो बिरहिनि के दुखदागर।
> ऐसो संग सूर के प्रभु को करुनाधाम उजागर॥

इस पद में बादल के प्रति वह भाव नहीं है जो उद्‌दीपन विभाव के अंतर्गत वर्षा और बादल के वर्णनों में मिलता है। यहाँ बादल के साथ गहरी आत्मीयता

है, जो 'वीर बादर' संबोधन में प्रकट है। इस पद को पढ़ते हुए यदि कालिदास के 'मेघ', घनानंद के 'परजन्य', निराला के 'पावस के वीर' और नागार्जुन के 'शिशु धन-कुरंग' की याद आए तो मानना होगा कि यह परंपरागत प्रकृति-वर्णन नहीं है, बल्कि वर्षा और बादल से भारतीय मन के गहरे लगाव की पहचान कराने वाली काव्य-परंपरा का प्रमाण है। प्रत्येक देश की कविता का अपने देश की प्रकृति से विशेष प्रकार का संबंध होता है, जिससे उस कविता का विशिष्ट संस्कृति बनती है। सूर की कविता में ब्रज की लोकसंस्कृति के साथ प्रकृति भी व्यक्त हुई है।

## गाँव और शहर का द्वंद्व

यह सब जानते है कि सूर की कविता की कर्मभूमि ग्राम-समाज है, क्योंकि वही कृष्ण की मुख्य लीलाभूमि है। लेकिन इस बात की ओर शायद ही किसी का ध्यान गया हो कि सूर की कविता में गांव से शहर के द्वंद्व की अभिव्यक्ति भी है। यहाँ गाँव और शहर के बीच द्वंद्व अनेक स्तरों पर है। सबसे पहले सगुण से निर्गुण, ज्ञान और योग के द्वंद्व में गाँव से शहर का विरोध व्यक्त हुआ है। ऐसा लगता है कि उस समय निर्गुण, ज्ञान और योग का अधिक प्रचार शहरों में था और सगुण का गाँवों में। भ्रमरगीत में बार-बार निर्गुण, ज्ञान और योग को नगर से जोड़ा गया है। उद्धव से निर्गुण और योग का उपदेश सुनकर गोपियाँ कहती हैं—'यह प्रिय कथा नगर नारिन सौं, कहहिं जहाँ कछु पावहिं।' सूर के अनुसार योग, ज्ञान और निर्गुण का केंद्र है काशी। भ्रमरगीत में बार-बार काशी को निर्गुण, ज्ञान और योग का गढ़ कहा गया है। उद्धव से गोपियाँ कहती हैं—'यह निरगुन लै तिनहिं सुनावहु, जे मुड़िया कसै कासी' या फिर 'जे गाहक निरगुन के ऊधौ, ते सब बसत ईसपुर कासी'। सरल-सीधे गाँव वालों को सहज-स्वाभाविक सगुण भक्ति प्रिय है—'गोकुल सबै गोपाल उपासी' गोपियों को योग की बातें 'कपट-कथा' लगती है, गाँव की रीति-नीति के ठीक विपरीत। वे उद्धव से पूछती हैं—'मधुकर! कौन गाँव की रीति? ब्रज जुवतिन को जोग कथा तुम कहत सबै विपरीत।'

शहर और गाँव के बीच नैतिक द्वंद्व भी है। सूर के अनुसार गाँव के जीवन और व्यवहार में सहजता, ईमानदारी और सचाई है, जबकि शहर अनैतिकता, छल-प्रपंच और चालाकी का गढ़ है। गाँव की गोपियों की कथा शुद्ध प्रेम-कथा है और शहरी प्रेम कपट-कथा है। ब्रजवासी जिस शहर से परिचित हैं वह मथुरा

है–सत्ता और शक्ति का केंद्र, अत्याचार और शोषण का गढ़, छल और प्रपंच का प्रतीक। वह मायानगरी है, गोकुल और गोपियों का सर्वस्व हरण करने वाली। मथुरा गोपियों के लिए कंस, अक्रूर और उद्धव का ही नहीं, कुब्जा का भी नगर है। वहाँ जो जाता है वह लौटकर नहीं आता, वहीं का हो जाता है और जो आता है वह छल-प्रपंच का जाल फैलाता है। इसीलिए गोपियाँ उद्धव से कहती हैं :

वह मथुरा काजर की कोठरि जे आवहिं ते कारे।
तुम कारे सुफलक सुत कारे, कारे मधुप भंवारे॥

ब्रजवासी अपने अनुभव से जानते हैं कि मथुरा के लोग विश्वसनीय नहीं हैं। यही कारण है कि गोपियाँ कहती हैं :

मधुबनिया लोगनि को पतियाय।
मुख औरे अंतरगत औरे, पतिया लिखि पठवत जू बनाय॥

सूर के अनुसार गाँव के लोग सहज रूप से सहृदय हैं, गोपियाँ हजार कठिनाइयों के बावजूद हठ कर प्रेम करती हैं; बकि शहर के लोग प्रेम का दिखावा करते हैं, मथुरावासी चतुर और कपटी हैं :

हम अहीरि मतिहीन बापुरी, हटकत हूँ हठि करत मिताई।
वे नागर मथुरा निरमोही, अंग-अंग भरे कपट चतुराई॥

शहर और गाँव के बीच द्वंद्व की जो चेतना सूर के काव्य में है, वह उस युग के किसी अन्य कवि के यहाँ शायद ही मिले। इस द्वंद्व में सूर की सहानुभूति गाँव के साथ है।

## राजनीतिक अभिप्रायों की खोज

अब तक हमने देखा है कि सूरदास की कविता अपने समय के समाज और संस्कृति के बारे में कितनी सजग है। क्या ऐसी कविता अपने काल के राजनीति के अभिप्रायों से अनभिज्ञ रह सकती है? हमारे सामने सवाल सूर की कविता के राजनीतिक महत्व की खोज का नहीं है, वह तो प्रत्येक लोकधर्मी कविता का स्वाभाविक गुण है। यहाँ विचारणीय प्रश्न यह है कि सूर की कविता में उस युग की राजनीति के अर्थ और अभिप्राय की पहचान कितनी है। यह प्रश्न कुछ लोगों को विचित्र लग सकता है; क्योंकि हिंदी आलोचना में भक्तिकाव्य की राजनीति अर्थात् उसके राजनीतिक अर्थ, अभिप्राय और महत्व पर विचार की कोई विकसित परंपरा नहीं है। यद्यपि बहुत पहले आचार्य रामचंद्र शुक्ल ने भक्ति आंदोलन के

राजनीतिक महत्व को पहचाना और लिखा था कि "दक्षिण में रामदास स्वामी ने लोक धर्माश्रित भक्ति का संचार करके महाराष्ट्र-शक्ति का अभ्युदय किया। पीछे से सिखों ने भी लोकधर्म का आश्रय लिया और सिख-शक्ति का प्रादुर्भाव हुआ।" लेकिन बाद के दिनों में भक्ति आंदोलन और भक्तिकाव्य की यह पहचान विकसित नहीं हुई। इसलिए कुछ लोग भक्ति आंदोलन और उसके काव्य के प्रसंग में राजनीति की बात सुनकर चौंक उठते हैं।

जो लोग यह समझते है कि जिस कविता में राजसत्ता का खुला विरोध या समर्थन होगा, वही राजनीतिक होगी वे भक्तिकाव्य में राजनीति की खोज करते हुए निराश होते हैं, क्योंकि उसमें राजसत्ता का सीधा विरोध नहीं है। इस प्रसंग में कुंभनदास का यह कथन बार-बार उद्धृत किया जाता है :

संतन सो कहाँ सीकरी सों काम?
आवत जात पनहियाँ टूटी, बिसरि गयो हरिनाम॥
जिनको मुख देखे दुख उपजत, तिनको करिवे परी सलाम।

लेकिन राजनीति केवल राजसत्ता के विरोध या समर्थन तक सीमित नहीं होती, कविता की राजनीति तो और भी नहीं। समकालीन राजनीति के अर्थ तथा अभिप्राय की पहचान और उसके विरोध तथा विकल्प की रचनात्मक चिंता भी कविता की राजनीतिक सजगता का प्रमाण है। भक्तिकाव्य में ऐसी राजनीतिक सजगता है। सूरदास के विनय के पदों में उस काल की सामंती व्यवस्था और साधारण जनता के साथ उसके दुर्व्यवहार का बोध है और उद्धव-गोपी-संवाद में उस व्यवस्था की राजनीति के अर्थ तथा अभिप्रायों की पहचान है।

साधारण जनता के लिए शासक वर्ग की राजनीति की लीला हमेशा अबूझ पहेली होती है। गोपियाँ ठीक ही कहती हैं–'जाने कहां राजगति लीला अंत अहीर विचारौ।' इस लीला का रहस्य और प्रयोजन तो कोई मर्मज्ञ कवि ही खोलकर बता सकता है। सूर ने शासक वर्ग की राजनीत के रूप, रहस्य और अभिप्राय को स्पष्ट करते हुए लिखा है :

राजनीति की रीति सुनौ हो, चरत बारिचर खेत।

इससे बड़ी विडंबना कया हो सकती है कि बादल खेत चर जाए, जीवन देने वाला जीवन ले ले, पोषक ही शोषक बन जाए। लेकिन शासकवर्ग की राजनीति की यही रीति-नीति है; सूर के समय के शासकवर्ग की और आज के शासकवर्ग की भी। तबसे आज तक राजनीति का रूप जरूर बदला है, परंतु उद्देश्य वही है। राजनीति की यह रीति बताते हुए सूर ने उस काल की जन-भावना को वाणी दी है, जो आज भी जन-मन में सीधे उतर जाने वाली है।

सूरदास राजसत्ता और उसके व्यवहार को जनता की दृष्टि से देखते हैं, इसलिए उन्हें दुराचारी शासन की अंधेरगर्दी असह्य लगती है :

सरूदास ऐसी क्यों निबहै अंध धुंध सरकार।

उस युग में छोटे-बड़े सामंत बात की बात में परस्पर लड़ा करते थे। ऐसी लड़ाइयों से सामंतों का झूठा अहंकार तुष्ट होता था, पर जनता तबाह होती थी। सूरदास सामंती राजनीति की इस असंगति और अनीति को पहचानते हैं–'द्वै नृप लरत प्रजा इंद्रीगति, सूर कौन यह नीति।'

आजकल राजनीति का सबसे अधिक प्रचलित अर्थ है झूठ, फरेब और छल। राजनीति का यह अर्थ शासकवर्ग के राजनीतिक कर्म और व्यवहार से पैदा हुआ है। लगता है कि राजनीति का यह अर्थ नितांत नया नहीं है। सूर ने एकदम आधुनिक अर्थ में 'राजनीति' का प्रयोग इस पद में किया है :

हरि हैं राजनीति पढ़ि आए।
समुझी बात कहत मधुकर जो? समाचार कछु पाए?
इक अति चतुर हुते पहिले ही, अरु करि नेह दिखाए।
जानी बुद्धि बड़ी जुवतिन को जोग संदेस पठाए॥
भले लोग आगे के सखि री! परहि डोलत धाए।
वे अपने मन फेरि पाइए, जे हैं चलत चुराए॥
ते क्यों नीति करत आपुन, जे औरनि रीति छुड़ाए?
राजधर्म सब भए सूर, जहां प्रजा न जाय सताए॥

(भ्रमरगीत सार, पृ. 33)

हिंदी कविता में 'राजनीति' का ऐसा सार्थक और साभिप्राय प्रयोग सूर से पहले और बाद में भी शायद ही कहीं मिले। यह प्रयोग इतना सटीक और व्यंजक है कि मुहावरा बन गया है। आज की राजनीति में झूठ और फरेब का बोलबाला पहले से अधिक है, इसलिए यह मुहावरा आज पहले से भी अधिक सार्थक लगता है। राजनीति के इस अर्थ की पहचान के पीछे उस युग की राजनीति के स्वरूप की समझ है और उस राजनीति के बारे में जनमत की जानकारी भी।

हिंदी के कुछ आलोचक कहते हैं कि कविता में राजनीति और व्यंग्य के आने से कविता' का स्वास्थ्य बिगड़ जाता है, दोनों एक साथ आएं तब तो हालत और खराब हो जाती हैं। लेकिन वास्तविकता यही है कि कविता में दोनों प्रायः एक साथ आते हैं। सूर के इस पद में भी राजनीति के साथ व्यंग्य वैसे ही है, जैसे शब्द के साथ अर्थ। यहाँ सूर की वाग्विदग्धता का निखार देखने लायक है।

सूर के काव्य में तत्कालीन शासन-व्यवस्था की राजनीति के रूप और अभिप्राय की पहचान है और साथ में जनता के हित की राजनीति की चिंता भी है, इसलिए लिखा है :

राजधर्म सब भए सूर, जहं प्रजा न जायं सताए।

यह अनीति और अत्याचार से मुक्त राजनीति की मांग है, सामंती युग में प्रजातंत्र की आकांक्षा की अभिव्यक्ति है।

क्या ऐसे कवि को अपने आसपास की दुनिया से विरक्त, अपने भाव में मग्न रहने वाला कहना उचित है?

**—मैनेजर पाण्डेय**

## संदर्भ


1. प्रभुदयाल मीतल, अष्टछाप परिचय, पृ. 93
2. डॉ. ब्रजेश्वर वर्मा, सूरदास, द्वितीय संस्करण, पृ. 12
3. पारीख और मीतल, सूर-निर्णय, पृ. 50
4. डॉ. हरवंशलाल शर्मा, सूर और उनका साहित्य, संशोधित संस्करण, पृ. 23
5. पं. तोताराम शर्मा, सूर की साहित्य-साधना, संपादक-भगवत स्वरूप मिश्र एवं विश्वंभर अरुण, प्रथम संस्करण, पृ. 23
6. पारीख और मीतल, सूर-निर्णय, पृ. 53
7. डॉ. ब्रजेश्वर वर्मा, सूरदास, पृ. 03
8. नंददुलारे वाजपेयी, महाकवि सूरदास, द्वितीय संस्करण, पृ. 63
9. डॉ. मुंशीराम शर्मा, सूरदास और भगवद् भक्ति, प्रथम संस्करण, पृ. 33
10. वही, पृ. 22
11. डॉ. मुंशीराम शर्मा, भारतीय साधना और सूर-साहित्य, द्वितीय संस्करण, पृ. 422
12. डॉ. ब्रजेश्वर वर्मा, सूरदास, पृ. 05
13. पारीख और मीतल, सूर-निर्णय, पृ. 48
14. चंद्रबली पांडेय, हिंदी कवि-चर्चा, पृ. 189
15. डॉ. ब्रजेश्वर वर्मा, सूरदास, पृ. 05
16. वही, पृ. 09
17. डॉ. हरवंशलाल शर्मा, सूर और उनका साहित्य, पृ. 25
18. पारीख और मीतल, सूर-निर्णय, पृ. 60-61
19. वही, पृ. 68
20. वही, पृ. 67
21. नंददुलारे वाजपेयी, महाकवि सूरदास, पृ. 72

22. चंद्रबली पांडेय, हिंदी कवि-चर्चा, पृ. 197
23. कृष्ण पिच्चु मणि, सूरदास अंधे न थे, हिन्दुस्तान साप्ताहिक, वर्ष 17, अंक 12, पृ. 27
24. डॉ. ब्रजेश्वर वर्मा, सूरदास, पृ. 11
25. पारीख और मीतल, सूर-निर्णय, पृ. 80
26. आचार्य रामचंद्र शुक्ल, सूरदास, पृ. 105
27. पारीख और मीतल, पृ. 85
28. डॉ. मुंशीराम शर्मा, भारतीय साधना और सूर-साहित्य, पृ. 399-400
29. पारीख और मीतल, सूर-निर्णय, पृ. 92
30. डॉ. हरवंशलाल शर्मा, सूर और उनका साहित्य, पृ. 33
31. पारीख और मीतल, सूर-निर्णय, पृ. 95
32. आचार्य रामचंद्र शुक्ल, सूरदास, पृ. 108
33. जवाहरलाल चतुर्वेदी, पोद्दार अभिनंदन ग्रंथ, पृ. 119
34. डॉ. ब्रजेश्वर वर्मा, सूरदास, पृ. 105
35. डॉ. प्रेमनारायण टंडन, सूरसारावली में कवि के आत्मकथन, सम्मेलन पत्रिका, भाग 47, अंक-1, पृ. 31
36. चंद्रबली पांडेय, हिंदी कवि-चर्चा, पृ. 185

# अनुक्रम

# सूर संचयिता

# विनय के पद

॥ 1 ॥

चरन कमल बंदौं हरि राइ।
जाकी कृपा पंगु गिरि लंघै, अंधे कौं सब कछु दरसाइ।
बहिरौ सुनै, गूँग पुनि बोलै, रंक चलै सिर छत्र धराइ।
सूरदास स्वामी करुनामय, बार बार बंदौं तिहिं पाइ॥

॥ 2 ॥

अबिगत-गति कछु कहत न आवै।
ज्यों गूँगें मीठे फल कौ रस अंतरगत हीं भावै।
परम स्वाद सबही सु निरंतर अमित तोष उपजावै।
मन-बानी कौं अगम-अगोचर, सो जानै जो पावै।
रूप-रेख-गुन-जाति-जुगति-बिनु निरालंब कित धावै।
सब बिधि अगम बिचारहि तातैं सूर सगुन-पद गावै॥

॥ 3 ॥

प्रभु कौ देखौ एक सुभाइ।
अति गंभीर उदार उदधि हरि, जान सिरोमनि राइ।
तिनका सौं अपने जनकौ गुन मानत मेरु समान।
सकुचि गनत अपराध समुद्रहिं बूँद तुल्य भगवान।
बदन प्रसन्न कमल सनमुख ह्वै देखत हौं हरि जैसैं।
बिमुख भए अकृपा न निमिषहूँ, फिरि चितयौं तौ तैसैं!
भक्त-बिरह-कातर करुनामय, डोलत पाछैं लागे।
सूरदास ऐसे स्वामी कौं देहिं पीठि सो अभागे॥

॥ 4 ॥

काहू के कुल तन न बिचारत।
अबिगत की गति कहि न परति है, ब्याध-अजामिल तारत।
कौन जाति अरु पाँति बिदुर की, ताही कैं पग धारत।
भोजन करत माँगि घर उनकैं, राज-मान-मद टारत।
ऐसे जनम-करम के ओछे, ओछनि हूँ ब्यौहारत।
यहै सुभाव सूर के प्रभु कौ, भक्त-बछल-प्रन पारत॥

॥ 5 ॥

जापर दीनानाथ ढरै।
सोइ कुलीन, बड़ौ सुंदर सोइ, जिहिं पर कृपा करै।
कौन बिभीषन रंक निसाचर, हरि हँसि छत्र धरै।
राजा कौन बड़ौ रावन तैं, गर्बहिं-गर्व गरै।
रंकव कौन सुदामाहूँ तैं, आप समान करै।
अधम कौन है अजामील तैं, जम तहँ जात डरै।
कौन बिरक्त अधिक नारद तैं, निसि दिन भ्रमत फिरै।
जोगी कौन बड़ौ संकर तैं, ताकौं काम छरै।
अधिक कुरूप कौन कुबिजा तैं, हरि पति पाइ तरै।
अधिक सुरूप कौन सीता तैं, जनम बियोग भरै।
यह गति मति जानै नहिं कोऊ किहिं रस रसिक ढरै।
सूरदास भगवत-भजन बिनु फिरि फिरि जठर जरै॥

॥ 6 ॥

माधौ जू, यह मेरी इक गाइ।
अब आज तैं आप आगैं दई, लै आइयै चराइ।
यह अति हरहाई, हटकत हूँ बहुत अमारग जाति।
फिरति बेद-बन ऊख उखारति, सब दिन अरु सब राति।
हित करि मिलै लेहु गोकुलपति, अपने गोधन माहँ।
सुख सोऊँ सुनि बचन तुम्हारे, देहु कृपा करि बाहं।
निधरक रहौ सूर के स्वामी, जनि मन जानौ फेरि।
मन-ममता रुचि सौं रखवारी, पहिलै लेहु निबेरि॥

॥ 7 ॥

जा दिन मन पंछी उड़ि जैहै।
ता दिन तेरे तन-तरुवर के सबै पात झरि जैहैं।
या देही कौ गरब न करियै, स्यार-काग-गिध खैहैं।
तीननि मैं तन कृमि, कै बिष्ठा, कै ह्वै खाक उड़ैहै।
कहँ वह नीर, कहाँ वह सोभा, कहँ रंग-रूप दिखैहै।
जिन लोगनि सौं नेह करत है, तेइ देखि घिनैहैं।
घर के कहत सबारे काढ़ौ, भूत होइ धरि खैहैं।
जिन पुत्रनिहिं बहुत प्रतिपाल्यौ, देवी-देव मनैहैं।
तेई ले खोपरी बांस दै सीस फोरि बिखरै हैं।
अजहूँ मूढ़ करौ सतसंगति, संतनि मैं कछु पैहैं।
नर-बपु धारि नाहिं जन हरि कौं, जम की मार सो खैहै।
सूरदास भगवंत-भजन बिनु बृथा सु जनम गँवैहै॥

॥ 8 ॥

अब कैं राखि लेहु भगवान।
हौं अनाथ बैठ्यो द्रुम-डरिया, पारधि साधे बान।
ताकैं डर मैं भाज्यौ चाहत, ऊपर ढुक्यौ सचान।
दुहूँ भांति दुख भयौ आनि यह, कौन उबारै प्रान?
सुमिरत ही अहि डस्यौ पारधी, कर छूट्यौ संधान।
सूरदास सर लग्यौ सचानहिं, जय-जय कृपानिधान॥

॥ 9 ॥

जन के उपजत दुख किन काटत?
जैसैं प्रथम-अषाढ़-आँजु तृन, खेतिहर निरखि उपाटत।
जैसैं मीन किलकिला दरसत, ऐसैं रहौं प्रभु डाटत।
पुनि पाछैं अघ-सिंधु बढ़त है, सूर खाल किन पाटत॥

॥ 10 ॥

आजु हौं एक-एक करि टरिहौं।
कै तुमहीं कै हमहीं, माधौ, अपने भरोसैं लरिहौं।
हौं तौ पतित सात पीढ़िनि कौ, पतितै ह्वै निस्तरिहौं।
अब हौं उधरि नच्यौ चाहत हौं, तुम्हैं बिरद बिन करिहौं।
कत अपनी परतीति नसावत, मैं पायौ हरि हीरा।
सूर पतित तबहीं उठिहै, प्रभु, जब हँसि देहौ बीरा॥

॥ 11 ॥

मेरौ मन अनत कहाँ सुख पावै।
जैसें उड़ि जहाज कौ पच्छी, फिरि जहाज पर आवै।
कमल-नैन कौ छाँड़ि महातम, और देव कौं ध्यावै।
परम गंग कौं छाँड़ि पियासौ दुरमति कूप खनावै।
जिहिं मधुकर अंबुज-रस चाख्यौ, क्यौं करील-फल भावै।
सूरदास प्रभु कामधेनु तजि, छेरी कौन दुहावै॥

॥ 12 ॥

प्रभु जू, यौं कीन्हीं हम खेती।
बंजर भूमि, गाउद्द हर जोते, अरु जेती की तेती।
काम-क्रोध दोउ बैल बली मिलि, रज-तामस सब कीन्हौ।
अति कुबुद्धि मन हाँकनहारे, माया-जुआ दीन्हौ।
इंद्रीय - मूल - किसान, महातृन - अग्रज - बीज बई।
जन्म जन्म की विषय-बासना, उपजत लता नई।
पंच-प्रजा अति प्रबल बली मिलि, मन-बिधान जौ कीनौ।
अधिकारी जम लेखा माँगै, ताँतैं हौं आधीनौ।
घर मैं गथ नहिं भजन तिहारौ, जौन दिय मैं छूटौं।
धर्म जमानत मिल्यौ न चाहै, ताँतैं ठाकुर लूटौ।
अहंकार पटवारी कपटी, झूठी लिखत बही।
लागै धरम, बतावै अधरम, बाकी सबै रही।

सोई करौ जु बसतै रहियै, अपना नाउँ।
अपने नाम की बैरख बाँधौ, सुबस बसौं इहिं गाउँ।
कीजै कृपा-दृष्टि की बरषा, जन की जाति लुनाई।
सूरदास के प्रभु सो करियै, होइ न कान-कटाई ॥

॥ 13 ॥

हमारे प्रभु, औगुन चित न धरौ।
समदरसी है नाम तुम्हारौ, सोई पार करौ।
इक लोहा पूजा मैं राखत, इक घर बधिक परौ।
सो दुबिधा पारस नहिं जानत, कंचन करत खरौ।
इक नदिया इक नार कहावत, मैलौ नीर भरौ।
जब मिलि गए तब एक बरन ह्वै, गंगा नाम परौ।
तन माया, ज्यौं ब्रह्म कहावत, सूर सु मिलि बिगरौ।
कै इनकौ निरधार कीजियै, कै प्रन जात टरौ ॥

॥ 14 ॥

धोखैं ही धोखैं डहकायौ।
समुझि न परी, विषय-रस गीध्यौ, हरि-हीरा घर माँझ गँवायौ।
ज्यौं कुरंग जल देखि अवनि कौ, प्यास न गई चहूँ दिसि धायौ।
जनम-जनम बहु करम किए हैं, तिनमैं आपुन आपु बँधायौ।
ज्यौं सुक सेमर सेव आस लगि, निसि-बासर हठि चित्त लगायौ।
रीतौ पय्यौ जबै फल चाख्यौ, उड़ि गयौ तूल, ताँवरौ आयौ।
ज्यौं कपि डोरि बाँधि बाजीगर, कन-कन कौं चौहटैं नचायौ।
सूरदास भगवंत-भजन बिनु, काल ब्याल पै आपु डसायौ ॥

॥ 15 ॥

अपुनपौ आपुन ही बिसरयौ।
जैसैं स्वान कांच-मंदिर मैं, भ्रमि-भ्रमि भूकि पय्यौ।
ज्यौं सौरभ मृग-नाभि बसत है, द्रुम-तृन सूँधि फिय्यौ।

ज्यौं सपने मैं रंग भूप भयौ, तसकर अरि पकर्‌यौ।
ज्यौं केहरि प्रतिबिंब देखि कै, आपुन कूप पर्‌यौ।
जैसे गज लखि फटिकसिला मैं, दसननि जाइ अर्‌यौ।
मर्कट मूंठि छांड़ि नहिं दीनी, घर घर-द्वार फिरयौ।
सूरदास नलिनी कौ सुबटा, कहि कौ नैं पकरयौ॥

# बाल लीला

॥ 16 ॥

सोभा-सिंधु न अंत रही री।
नंद-भवन भरि पूरि उमंगि चलि, ब्रज की बीथिनि फिरति बही री।
देखी जाइ आजु गोकुल मैं, घर-घर बेंचति फिरति दही री।
कहँ लगि कहौं बनाइ बहुत बिधि, कहत न मुख सहसहुँ निबही री।
जसुमति-उदर-अगाध-उदधि तैं, उपजी ऐसी सबनि कहीं री।
सूरस्याम प्रभु इंद्र-नीलमनि, ब्रज-बनिता उर लाइ गही री॥

॥ 17 ॥

जसोदा हरि पालनैं झुलावै।
हलरावै, दुलराई मल्हावै, जोइ-सोइ कछु गावै।
मेरे लाल कौं आउ निंदरिया, काहैं न आनि सुवावै।
तू काहैं नहिं बेगिहिं आवै, तोकौं कान्ह बुलावै।
कबहुँ पलक हरि मूँदि लेत हैं, कबहुँ अधर फरकावै।
सोवत जानि मौन ह्वै कै रहि, करि-करि सैन बतावै।
इहिं अंतर अकुलाइ उठे हरि, जसुमति मधुरैं गावै।
जो सुख सूर अमर-मुनि दुरलभ, सो नंद-भामिनि पावै॥

॥ 18 ॥

कर पग गहि, अंगुठा मुख मेलत।
प्रभु पौढ़े पालनैं अकेले, हरिषि-हरषि अपनैं रंग खेलत।
सिव सोचत, बिधि बुद्धि बिचारत, बट बाढ़्यौ सागर-जलझेलत।

बडिरि चले घन प्रलय जानि कै,दिगपति दिग-दंतीनि सकेलत।
मुनि मन भीत भए, भुव कंपित, सेष सकुचि सहसौ फन पेलत।
उन ब्रज-बासिनि बात न जानी, समुझे सूर सकट पग ठेलत॥

॥ 19 ॥

जसुमति मन अभिलाष करै।
कब मेरो लाल घुटुरुवनि रेंगे, कब धरनी पग द्वैक धरै।
कब द्वै दाँत दूध के देखौं, कब तोतरैं मुख बचन झरै।
कब नंदहिं बाबा कहि बोलै, कब जननी कहि मोदिंह ररै।
कब मेरौ अँचरा गहि मोहन, जोइ-सोइ कहि मोसौं झगरै।
कब धौं तनक कछु खैहै, अपने कर सौं मुखहिं भरै।
कब हँसि बात कहैगौ मोसौं, जा छबि तैं दुख दूर हरै।
स्याम अकेले आँगन छाँड़े, आपु गई कछु काज घरै।
इहिं अंतर अंधवाह उठ्यौ इक, गरजत गगन सहित घहरै।
सूरदास ब्रज-लोग सुनत धुनि, जो जहँ-तहँ सब अतिहिं डरै॥

॥ 20 ॥

हरि किलकत जसुदा की कनियाँ।
निरखि-निरखि मुख कहति लाल सौं, मो निधनी के धनियाँ।
अति कोमल तन चितै स्याम कौ, बार-बार पछितात।
कैसें बच्यौ, जाउँ बलि तेरी, तृनावर्त कैं घात।
ना जानौं धौं कौन पुन्य तैं, को करि लेत सहाइ।
वैसौ काम पूतना कीन्हौं, इहिं ऐसौ कियौ आइ।
माता दुखित जानि हरि बिहँसे, नान्ही दँतुली दिखाइ।
सूरदास प्रभु माता चित तैं दुख डार्‍यौ बिसराइ॥

॥ 21 ॥

सुत-मुख देखि जसोदा फूली।
हरषित देखि दूध की दँतियाँ, प्रेममगन तन की सुधि भूली।

बाहिर तैं तब नंद बुलाए, देखौ धौं सुंदर सुखदाई।
तनक-तनक सीं दूध-दँतुलिया, देखौ, नैन सफल करौ आई।
आनंद सहित महर तब आए, मुख चितवत दोउ नैन अघाई।
सूर स्याम किलकत द्विज देख्यौ, मनौ कमल पर बिज्जु जमाई॥

॥ 22 ॥

सोभित कर नवनीत लिए।
घुटुरुनि चलत रेनु-तन-मंडित, मुख दधि लेप किए।
चारु कपोल, लोल लोचन, गोरोचन-तिलक दिए।
लट-लटकनि मनु मत्त मधुप-गन मादक मधुहिं पिए।
कठुला-कंठ, वज्र केहरि-नख, राजत रुचिर हिए।
धन्य सूर एको पल इहिं सुख, का सत कल्प जिए॥

॥ 23 ॥

किलकत कान्ह घुटुरुवनि आवत।
मनिमय कनक नंद कैं आँगन, बिंब पकरिबैं धावत।
कबहुं निरखि हरि आपु छाँह कौं, कर सौ पकरन चाहत।
किलकि हँसत राजत द्वै दतियाँ, पुनि-पुनि तिहिं अवगाहत।
कनक-भूमि पर कर-पग-छाया, यह उपमा इक राजति।
करि-करि प्रतिपद प्रतिमनि बसुधा, कमल बैठकी साजति।
बाल-दसा-सुख निरखि जसोदा, पुनि-पुनि नंद बुलावति।
अँचरा तर लै ढाँकि, सूर के प्रभु कौं दूध पियावति॥

॥ 24 ॥

सिखवति चलन जसोदा मैया।
अरबराइ कर पानि गहावत, डगमगाइ धरनी धरे पैया।
कबहुँक सुंदर बदन बिलोकति, उर आनंद भरि लेति बलैया।
कबहुँक कुल-देवता मनावति, चिरजीवहु मेरौ कुँवर कन्हैया।
कबहुँक बल कौं टेरि बुलावति, इहिं आँगन खेलौ दोउ भैया।
सूरदास स्वामी की लीला, अति प्रताप बिलसत नंदरैया॥

॥ 25 ॥

चलत देखि जसुमति सुख पावै।
ठुमुकि-ठुमुकि पग धरनी रेंगत, जननी देखि दिखावै।
देहरि लौं चलि जात, बहुरि फिरि-फिरि इतहीं कौं आवै।
गिरि-गिरि परत, बनत नहिं नाँघत सुर-मुनि सोच करावै।
कोटि ब्रह्मंड करत छिन भीतर, हरत बिलंब न लावै।
ताकौं लिए नंद की रानी, नाना खेल खिलावै।
तब जसुमति कर टेकि स्याम कौ, क्रम-क्रम करि उतरावै।
सूरदास प्रभु देखि-देखि सुर-नर-मुनि-बुद्धि भुलावै॥

॥ 26 ॥

कहन लागे मोहन मैया-मैया।
नंद महर सौं बाबा-बाबा, अरु हलधर सौं भैया।
ऊँचे चढ़ि-चढ़ि कहति जसोदा, लै-लै नाम कन्हैया।
दूरि खेलन जनि जाहु लला रे, मारैगी काहु की गैया।
गोपी ग्वाल करत कौतूहल, घर-घर बजति बधैया।
सूरदास प्रभु तुम्हरे दरस कौं, चरननि की बलि जैया॥

॥ 27 ॥

गोपालराइ दधि माँगत अरु रोटी।
माखन सहित देहि मेरी मैया, सुपक, सुकोमल रोटी।
कत हौ आरि करत मेरे मोहन तुम आँगन मैं लोटी?
जो चाहौ सो लेहु तुरतहीं, छाँड़ौ यह मति खोटी।
करि मनुहारि कलेऊ दीन्हौ, मुख चुप्यौ अरु चोटी।
सूरदास कौ ठाकुर ठाढ़ौ, हाथ लकुटिया छोटी॥

॥ 28 ॥

मैया, कबहिं बढ़ैगी चोटी?
किती बार मोहिं दूध पियत भई, यह अजहूँ है छोटी!
तू जो कहति बल की बेनी ज्यौं ह्वैहैं लांबी-मोटी।

काढ़त-गुहत-न्हवावत जैहै नागिनि सी भुईं लोटी।
कांचौ दूध पियावत पचि-पचि, देति न माखन-रोटी।
सूरज चिरजीवौ दोउ भैया, हरि-हलधर की जोटी॥

॥ 29 ॥

मैया, मैं तो चँद-खिलौना लैहौं।
जैहौं लोटि धरनि पर अबहीं, तेरी गोद न ऐहौं।
सुरभी कौ पय पान न करिहौं, बेनी सिर न गुहैहौं।
ह्वैहौं पूत नंद बाबा को, तेरौ तुत न कहैहौं।
आगैं आउ, बात सुनि मेरी, बलदेवहिं न जनैहौं।
हंसि समुझावति, कहति जसोमति, नई दुलहिया दैहौं।
तेरी सौं, मेरी सुनि मैया, अबहिं बियाहन जैहौं।
सूरदास ह्वै कुटिल बराती, गीत सुमंगल गैहौ॥

॥ 30 ॥

मैया मोहिं दाऊ बहुत खिझायौ।
मोसौं कहत मोल कौ लीन्हौ, तू जसुमति कब जायौ?
कहा करौं इहि रिस के मारे खेलन हौं नहिं जात।
पुनि-पुनि कहत कौन है माता, को है तेरौ तात।
गोरे नंद, जसोदा गोरी, तू कत स्यामल गात।
चुटकी दै-दै ग्वाल नचावत, हँसत सबै मुसुकात।
तू मोहीं कौं मारन सीखी, दाउहिं कबहुँ न खीझै।
मोहन-मुख रिस की ये बात, जसुमति सुनि-सुनि रीझै।
सुनहु कान्ह, बलभद्र चबाई, जनमत ही कौ धूत।
सूर स्याम मोहिं गोधन की सौं, हौं माता तू पूत॥

॥ 31 ॥

खेलत मैं को काकौ गुसैयाँ।
हरि हारे जीते श्रीदामा, बरबस हीं कत करत रिसैयाँ।

जाति-पांति हमतें बड़ नाहीं, नाहीं बसत तुम्हारी छैयाँ।
अति अधिकार जनावत यातैं जातैं अधिक तुम्हारैं गैयाँ।
रुहठि करै तासौं को खेलै, रहे बैठि जहँ-तहँ सब ग्वैयाँ।
सूरदास प्रभु खेल्यौइ चाहत, दाउँ दियौ करि नंद-दुहैयाँ॥

॥ 32 ॥

गए स्याम तिहिं ग्वालिनि कैं घर।
देख्यौ द्वार नहीं कोउ, इत उत चितै, चले तब भीतर।
हरि आवत गोपी जब जान्यौ, आपुन रही छपाइ।
सूनैं सदन मथनियाँ कैं ढिग, बैठि रहे अरगाई।
माखन भरी कमोरी देखत, लै-लै लागे खान।
चितै रहे मनि-खंभ-छाहँ-तन, तासौं करत सयान।
प्रथम आजु मैं चोरी आयौ, भलौ बन्यौ है संग।
आपु खात, प्रतिबिंब खवावत, गिरत कहत, का रंग?
जौ चाहौ सब देउँ कमोरी, अति मीठौ कत डारत।
तुमहिं देति मैं अति सुख पायौ, तुम जिय कहा बिचारत?
सुनि-सुनि बात स्याम के मुख की, उमंगि हँसी ब्रजनारी।
सूरदास प्रभु निरखि ग्वालि-मुख तब भजि चले मुरारी॥

॥ 33 ॥

स्याम कहा चाहत से डोलत?
पूछे तैं तुम बदन दुरावत, सूधे बोल न बोलत।
पाए आइ अकेले घर मैं दधि-भाजन मैं हाथ।
अब तुम काकौ नाउँ लेउगे, नाहिंन कोऊ साथ।
मैं जान्यौ यह मेरौ घर है, ता धोखैं मैं आयो।
देखत हौं गोरस मैं चींटी, काढ़न कौं कर नायौ।
सुनि मृदु बचन, निरखि मुख-सोभा ग्वालिनि मुरि मुसुकानी।
सूर स्याम तुम हौ अति नागर बात तिहारी जानी॥

॥ 34 ॥

मैया मैं नहिं माखन खायौ।
ख्याल परैं ये सखा सबै मिलि, मेरैं मुख लपटायौ।
देखि तुही सींके पर भाजन, ऊँचैं धरि लटकायौ।
हौं जु कहत नान्हें कर अपनैं मैं कैसैं करि पायौ।
मुख दधि पोंछि, बुद्धि इक कीन्हीं, दोना पीठि दुरायौ।
डारि साँटि, मुसुकाइ जसोदा, स्यामहिं कंठ लगायौ।
बाल-बिनोद-मोद मन मोह्यौ, भक्ति-प्रताप दिखायौ।
सूरदास जसुमति कौ यह सुख, सिव बिरंचि नहिं पायौ॥

॥ 35 ॥

आजु मैं गाइ चरावन जैहौं।
वृन्दावन के भाँति-भाँति फल अपने कर मैं खेहौं।
ऐसी बात कहौ जनि बारे, देखो अपनी भाँति।
तनक-तनक पग चलिहौं कैस, आवत ह्वैहे रीति।
प्रात जात गैया लै चारन, घर आवत हैं साँझ।
तुम्हरौ कमल बदन कुम्हिलैहैं, रेंगन घामहिं माँझ।
तेरी सौं मोहिं घाम न लागत, भूख नहीं कछु नेक।
सूरदास प्रभु कह्यौ न मानत, पय्यौ आपनी टेक॥

॥ 36 ॥

बन तैं आवत धेनु चराए।
संध्या समय साँवरे मुख पर, गो-पद-रज लपटाए।
बरह-मुकुट कैं निकट लसति लट, मधुप मनौ रुचि पाए।
बिलसत सुधा जलज-आनन पर उड़त न जात उड़ाए।
बिधि-बाहन-भच्छन की माला, राजत उर पहिराए।
एक बरन बपु नहिं बड़ छोटे, ग्वाल बने इक धाए।
सूरदास बलि लीला प्रभु की, जीवत जन जस गाए॥

॥ 37 ॥

जसुमति दौरि लिए हरि कनियाँ।
आजु गयौ मेरौ गाइ चरावन, हौं बलि जाउँ निछनियाँ।
मो कारन कछु आन्यौ है बलि, बन-फल तोरि नन्हैया।
तुमहिं मिले मैं अति सुख पायौ, मेरे कुँवर कन्हैया।
कछुक खाहु जो भावै मोहन, दैं री माखन-रोटी।
सूरदास प्रभु जीवहु जुग-जग हरि हलधर की जोटी॥

॥ 38 ॥

मैया री मोहिं दाऊ टेरत।
मोकौं बन-फल तोरि देत हैं, आपुन गैयनि घेरत।
और ग्वाल संग कबहुँ न जैहौ, वै सब मोहिं खिझावत।
मैं अपने दाऊ संग जैहौं, बन देखैं सुख पावत।
आगैं दै पुनि ल्यावत घर कौं, तू मोहिं जान न देति।
सूर स्याम जसुमति मैया सौं हा-हा करि कहै केति॥

॥ 39 ॥

बहुत फिरी तुम काज कन्हाई।
टेरि-टेरि मैं भई बावरी, दोउ भैया तुम रहे लुकाई।
जे सब ग्वाल गए ब्रज घर कौं, तिनसौं कहि तुम छाक मँगाई।
लवनी दधि मिष्टान्न जोरि कै जसुमति मेरैं हाथ पठाई।
ऐसी भूख माँझ तू ल्याई तेरी किहिं विधि करौं बड़ाई।
सूर स्याम सब सखनि पुकारत, आवत, क्यौं न, छाक है आई॥

॥ 40 ॥

मैया बहुत बुरो बलदाऊ।
कहन लग्यौ बन बड़ो तमासौ, सब मौड़ा मिलि आऊ।
मोहूँ कौं चुचकारि गयो लै, जहाँ सघन बन झाऊ।

भागि चलौ, कहि, गयौ उहाँ तैं, काटि खाइ रे हाऊ।
हौं डरपौं, काँपौं अरु रोवौं, कोउ नहिं धीर धराऊ।
थरसि गयौ नहिं भागि सकौं, वै भागे जात अगाऊ।
मोसौं कहत मोल कौ लीनो, आपु कहावत साऊ।
सूरदास बल बड़ौ चबाई, तैसेहिं मिले सखाऊ॥

॥ 41 ॥

मैया हौं न चरैहौं गाइ।
सिगरे ग्वाल घिरावत मोसौं, मेरे पाई पिराइँ।
जौं न पत्याहि पूछि बलदाउहिं, अपनी सौंह दिवाइ।
यह सुनि माई जसोदा ग्वालनि, गारी देति रिसाइ।
मैं पठवति अपने लरिका कौं, आवै मन बहराइ।
सूर स्याम मेरौ अति बालक, मारत ताहि रिंगाइ॥

॥ 42 ॥

रिस करि लीन्ही फेंट छुड़ाइ।
सखा सबै देखत हैं ठाढ़े, आपुन चढ़े कदम पर धाइ।
तारी दै-दै हँसत सबै मिलि, स्याम गए तुम भाजि डराइ।
रोवत चले श्रीदामा घर कौं, जसुमति आगैं कहिहौं जाइ।
सखा-सखा कहि स्याम पुकार्‌यौ, गेंद आपनौ लेहु न आइ।
सूर स्याम पीतांबर काछे, कूदि परे दह में भइराइ॥

॥ 43 ॥

लीन्हौं जननि कंठ लगाइ।
अंग पुलकित, रोम गदगद सुखद आँसु बहाइ।
मैं तुमहिं बरजति रही हरि, जमुन-तट जनि जाइ।
कह्यौ मेरौ कान्ह कियौ नहिं, गयौ खेलन धाइ।
कंस कमल मँगाइ पठए, तातैं गयउँ डराइ।
मैं कह्यौ निसि सुपन तोसौं, प्रगट भयौ सु आइ।

ग्वाल संग मिलि गेंद खेलत, आयौ जमुना-तीर।
काहु लै मोहिं डारि दीन्हौ, कालिया-दह-नीर।
यह कही तब उरग मोसौं, किन पठायौ तोहिं।
मैं कही, नृप कंस पठयौ कमल-कारन मोहिं।
यह सुनत डरि कमल दीन्हौ, लियौ पीठि चढ़ाइ।
सूर यह कहि जननि बोधी, देख्यौ तुमहीं आइ॥

॥ 44 ॥

भहरात झहरात दवा (नल) आयौ।
घेरि चहुं ओर, करि सोर अंदोर बन, धरनि आकास चहुँ पास छायौ॥
बरतन बन-बाँस, थरहरत कुस काँस, जरि उड़त है भाँस, अति प्रब धायौ।
झपटि झपटत लपट, फूल-फल चट-चटकि, फटत, लटलटकि द्रुम दुमनवायौ॥
अति अगिनि-झार, भंभार धुंधार करि, उचटि अंगार झंझार छायौ।
बरत बन पात भहरात झहरात अररात तरु महा, धरनी गिरायौ॥
भए बेहाल सब ग्वाल ब्रज-बाल तब, सरन गोपाल कहिकै पुकारयौ।
तृना केसी सकट बक अघासुर, बाम कर राखि गिरि ज्यौं उबारयौ॥
नकु धीरज करौ, जियहिं कोउ जिनि डरौ, कह इहिं सरौ, लोचन मुँदाए।
मुठी भरि लियौ, सब नाइ मुखहीं दियौ, सूर प्रभु पियौ ब्रज-जन बचाए॥

॥ 45 ॥

अब कैं राखि लेहु गोपाल।
दसहूँ दिसा दुसह दावागिनि, उपजी है इहिं काल॥
पटकत बाँस, काँस कुस चटकत, लटकत ताल तमाल।
उचटत अति अँगार, फुटत कर, झपटत लपट कराल॥
धूम घूँधि बाढ़ी घर अंबर, चमकत बिच-बिच ज्वाल।
हरिन बराह, मोर, चातक, पिक, जरत जीव बेहाल॥
जनि जिय डरहु, नैन मूँदहु सब, हँसि बोले नंदलाल।
सूर अगिनि सब बदन समानी, अभय किए ब्रज-बाल॥

# गोपी लीला

॥ 46 ॥

सखी री सुंदरता कौ रंग।
छिन-छिन माँहिं परति छबि औरै, कमल-नैन कैं अंग॥
परमिति करि राख्यौ चाहति हैं, लागी डोलतिं संग।
चलत निमेष विसेष जानियत, भूलि भई मति-भंग॥
स्याम सुभग कैं ऊपर वारौ, आली कोटि अनंग।
सूरदास कछु कहत न आव, भई गिरा-गति पंग॥

॥ 47 ॥

जब तैं बंसी स्रवन परी।
तबहीं तैं मन और भयौ सखि, मो तन सुधि बिसरी॥
हौं अपनैं अभिमान, रूप, जोबन कैं गर्ब भरी।
नैंकुन कह्यौ कियौ सुनि सजनी, बादिहिं आई ढरी॥
बिनु देखैं अब स्याम मनोहर, जुग भरि जात घरी।
सूरदास सुनि आरज-पथ तैं, कछू न चाड़ सरी॥

॥ 48 ॥

मुरली तऊ गुपालहिं भावति।
सुनि री सखी जदपि, नंदलालहिं, नाना भाँति नचावति॥
राखति एक पाइ ठाढ़ौ करि, अति अधिकार जनावति।
कोमल तन आज्ञा करवावति, कटि टेढ़ौ ह्वै आवति॥
अति आधीन सुजान कनौड़े, गिरिधर नार नवावति।

आपुन पौढ़िं अधर सज्जा पर, कर-पल्लव पलुटावति॥
भृकुटी कुटिल, नैन नासा पुट, हम पर कोप करावति।
सूर प्रसन्न जानि एकौ छिन, धर तैं सीस डुलावति॥

॥ 49 ॥

प्रेम बिबस सब ग्वालिन भईं।
उरइन देइ चली जसुमति कौं, मनमोहन के रूप रईं॥
पुलक अंग अँगिया उर दरकी, हार तोरि कर आपु लईं।
अंचल चीरि, घात उर नख करि, यह मिस करि नंद-सदन गईं॥
जसुमति माइ कहा सुत सिखयौ, हमकौ जैसे हाल किए।
चोली फारि हार गहि तोरे, देखौ उर नख-घात दिए॥
अंचल चीरि अभूषन तोरे, घेरि धरत उठि भागि गए।
सूर महरि मन कहति स्याम धौं, ऐसे लायक कबहिं भए॥

## चीर हरण लीला

॥ 50 ॥

ब्रज घर गई गोप-कुमारि।
नैंकहूँ कहुं मन न लागत, काम धाम बिसारि॥
मात-पितु कौ डर न मानतिं, सुनतिं नाहिं न गारि।
हठ करतिं, बिरुझातिं, तब जिय जननि-जानति बारि॥
प्रातहीं उठि चलीं सब मिलि, जमुन-तट सुकुमारि।
सूर-प्रभु ब्रत देखि इनकौ, नहिंन परत सम्हारि॥

॥ 51 ॥

नीकैं तप कियौ तनु गारि।
आपु देखत कदम पर चढ़ि, मानि लियौ मुरारि॥
बर्ष भर व्रत नेम-संजम, स्रम कियौ मोहिं काज।
कैसे हूँ मोहिं भजै कोऊ, मोहिं बिरद की लाज॥
धन्य व्रत इन कियौ पूरन, सीत तपति निवारि।

काम-आतुर भजीं मोकौं, नव तरुनि ब्रज-नारि॥
कृपा-नाथ कृपाल भए तब, जानि जन की पीर।
सूर-प्रभु अनुमान कीन्हौं, हरौं इनके चीर॥

॥ 52 ॥

बसन हरे सब कदम चढ़ाए।
सोरह सहस गोप-कन्यनि के, अंग-अभूषन सहित चुराए॥
नीलांबर, पाटंबर, सारी, सेत पीत चुनरी, अरुनाए।
अति बिस्तार नीप तरु तामैं, लै लै जहाँ तहाँ लटकाए॥
मनि-आभरन डार डारनि प्रति, देखत छबि मनहीं अटकाए।
सूर, स्याम जु तिनि ब्रत पूरन कौ फल डारनि कदम फराए॥

॥ 53 ॥

आपु कदम चढ़ि देखत स्याम।
बसन अभूषन सब हरि लीन्हे, बिना बसन जल-भीतर बाम॥
मूँदत नैन ध्यान धरि हरि कौ, अंतरजामी लीन्ही जान।
बार-बार सबिता सौं माँगति, हम पावैं पति स्याम सुजान॥
जल तैं निकसि आइ तट देख्यौ, भूषन चीर तहाँ कछु नाहिं।
इत-उत देखि चकित भईं सुंदरि, सकुचि गईं फिरि जल ही माहिं॥
नाभि प्रजंत नीर मैं ठाढ़ी, थर-थर अंग कांपतिं सुकुमारि।
को लै गयौ बसन आभूषन, सूर स्याम उर प्रीति बिचारि॥

॥ 54 ॥

हमारे अंबर देहु मुरारी।
ले सब चीर कदम चढ़ि बैठे, हम जल-मांझ उघारी।
तट पर बिना बसन क्यौं आवै, लाज लगति है भारी।
चोली हार तुमहिं कौं दीन्हौं, चीर, हमहिं द्यौ डारी॥
तुम यह बात अचंभौ भाषत, नाँगी आवहु नारी।
सूर स्याम कछु छोह करौं जू, सीत गई तनु मारी॥

## गोवर्धन पूजा

॥ 55 ॥

छाँड़ि देहु सुरपति की पूजा।
कान्ह कह्यौ गिरि गोबर्धन तैं और देव नहिं दूजा।
गोपनि सत्य मानि यह लीन्हीं, बड़ो देव गिरिराज।
मोहिं छांड़ि ये परबत पूजत, गरब कियौ सुरराज॥
पर्बत सहित धोइ ब्रज डारौं, देउँ समुद्र बहाइ।
मेरी बलि औरहिं ले अपरत, इनकी करौं सजाइ॥
राखौं नहीं इन्हैं भूतल पर, गोकुल देउँ बुड़ाइ।
सूरदास-प्रभु जाकौ रच्छक, संगहिं संग रहाइ॥

॥ 56 ॥

ग्वाल कहत धनि धन्य कन्हैया।
बड़ौ देवता प्रगट बतायौ, यह कहि लेत बलैया॥
धन्य-धन्य गिरिराजनि के मनि, तुम सम और न दूजा।
तुम लायक कछु नाहिं हमारैं, को जानै तुम पूजा॥
गोप सबै मिलि कहत स्याम सौं जौ कछु कह्यौ सो कीन्हौ।
सूर स्याम कहि-कहि यह बानी, देव मानि सुख लीन्हौ॥

॥ 57 ॥

चले ब्रज घरनि कौं नर नारि।
इंद्र की पूजा मिटाई, तिलक गिरि कौ सारि॥
पुलक अंग न समात उर मैं, महर महरि समाज।
अब बड़े हम देव पाए, गिरि गोवर्धन राज॥
इनहिं तैं ब्रज चैन रहिहै, माँगि भोजन खात।
यहै घैरा चलत ब्रज जन, सबनि मुख यह बात॥
सबै सदननि आइ पहुँचे, करत केलि बिलास।
सूर प्रभु यह करी लीला, इंद्र-रिस परकास॥

॥ 58 ॥

ब्रज बासिनि मोकौं बिसरायौ।
भली करी बलि मेरी जो कछु, सो सब लै परबतहिं चढ़ायौ ॥
मोसौं गर्व कियौ लघु प्रानी, ना जानियै कहा मन आयौ।
तैंतिस कोटि सुरनि कौ नायक, जानि-बूझि इन मोहिं भुलायौ ॥
अब गोपनि भूतल नहिं राखौं, मेरी बलि मोहिं नहिं पहुँचायौ।
सुनहु सूर मेरैं मारत धौं, परबत कैसें होत सहायौ ॥

॥ 59 ॥

मेघ-दल-प्रबल ब्रज-लोग देखैं।
चकित जहँ-तहँ भए, निरखि बादर नए, ग्वाल गोपाल डरि गगन पेखैं ॥
ऐसे बादर सजल, करत अति महाबल, चलत घहरात करि अंधकाला।
चकित भए नंद, सब महर चकित भए, कित नर नारि हरि करत ख्याला ॥
घट घन घोर घहरात, अररात, दररात, थररात ब्रज लोग डरपे।
तड़ित-आघात तररात, उतपात, सुनि, नारि-नर सकुचि तन प्रान अरपे ॥
कहा चाहत होन, भई कबहूँ जौ , कबहुँ आँगन भौन बिकल डोलैं।
मेटि पूजा इंद्र, नंद-सुत गोबिंद, सूर-प्रभु आनंद करि कलोलैं ॥

॥ 60 ॥

राखि लेहु अब नंदकिसोर।
तुम जो इंद्र की मेटी पूजा, बरसत है अति जोर ॥
ब्रजबासी तुम तन चितवत हैं, ज्यौं करि चंद चकोर।
जनि जिय डरौ, नैन जनि मूँदौ, धरिहौं नख की कोर ॥
करि अभिमान इंद्र झरि लायौ, करत घटा घन घोर।
सूर स्याम कह्यौ तुम कौ राखौं बूंद न आवै घोर ॥

॥ 61 ॥

स्याम लियौ गिरिराज उठाइ।
धीर धरौ हरि कहत सबनि सौं, गिरि गोवर्धन करत सहाइ ॥

नंद गोप ग्वालनि के आगैं, देव कह्यौ यह प्रगट सुनाइ।
काहे कौं ब्याकुल भए डोलत, रच्छा करै देवता आइ॥
सत्य बचन गिरि-देव कहत हैं, कान्ह लेहि मोहिं कर उचकाइ।
सूरदास नारी-नर ब्रज कै, कहत धन्य तुम कुंवर कन्हाइ॥

# रास लीला

॥ 62 ॥

सरद-निसि देखि हरि हरष पायौ।
बिपिन बृंदा रमन, सुभग फूले सुमन, रास रुचि श्याम के मनहिं आयौ ॥
परम उज्वल रैनि, छिटकि रही भूमि पर, सद्य फल तरुनि प्रति लटकि लागे।
तैसोई परम रमनीक जमुना-पुलिन, त्रिबिध बहै पवन आनंद जागे ॥
राधिका रमन बन-भवन सुख देखि कै, अधर धरि बेनु सु ललित बजाई ॥
ना लैलै सकल गोप-कन्यानि के सबनि कैं स्त्रवन वह धुनि सुनाई ॥
सुनत उपज्यौ मैन, परत काहुं न चैन, शब्द सुनि स्त्रवन भई बिकल भारी ॥
सूर-प्रभु ध्यान धरि कै चलीं उठि सबे, भजन-जन-नेह तजि घोष नारी ॥

॥ 63 ॥

सुनि कै कुंज कानन बैन।
ब्रज-बधू सब बिसरि अंबर, चलीं गृह तजि चैन ॥
सब्द इहिं बिधि भयौ मोहन, सूझि और परै न।
थकित जमुना भई इहिं बिधि, मनहुँ जल कियौ सैन ॥
मगन मुनि जन भए इहिं बिधि, पूजियौ पद-रेन।
सूर स्याम जु रसिक नागर, सुभट सुत उर दैन ॥

॥ 64 ॥

हरि मुख सुनत बेनु रसाल।
बिरह ब्याकुल भई बाला, चलीं जहँ गोपाल।
पय दुहावत तजि चलीं कोउ, रह्यौ धीरज नाहिं।

एक दोहनि दूध जावन कौं, सिरावत जाहिं॥
एक उफनत ही चलीं उठि, धरयौ नाहिं उतारि।
एक जें वन करत त्याग्यौ, चढ़ी चूल्हैं दारि॥
एक भोजन करि संपूरन, गई वैसेहिं त्यागि।
सूर-प्रभु कैं पास तुरतहिं, मन गयौ उठि भागि॥

॥ 65 ॥

रास-रस-रीति नहिं बरनि आवै।
कहाँ वैसी बुद्धि, कहाँ वह मन लहौं, कहाँ यह चित्त जिय भ्रम भुलावै॥
जौ कहौं, कौन मानै, जो निगभ-आगम-कृपा बिनु नहीं या रसहिं पावै।
भाव सौं भजै, बिनु भाव मैं ये नहीं भावही माहिं ध्यानहिं बसावै॥
यहै निज मंत्र, यह ज्ञान यह ध्यान है, दरस-दंपति भजन-सार गाऊँ।
यहै माँगौ बार-बार प्रभु सूर के, नैन दोउ रहैं, नर-देह पाऊँ॥

॥ 66 ॥

रास रुचि जबहिं स्याम मन आनी।
करहु सिंगार सँवारि सुंदरी, कहत हँसत हरि बानी॥
जब देखैं अंग उलटे भूषन, तब तरुनी मुसुक्यानी।
बार-बार पिय देखि-देखि मुख, पुनि-पुनि जुवति लजानी॥
नव सत साजि भईं सब ठाढ़ी, को छबि सकै बखानी।
वह छबि निरखि अधीर भई तनु, काम नारि बिततानी॥
कुच भुज परसि करी मन इच्छा, कछु तनु-तृषा बुझानी।
सुनहु सूर रस-रास नायिका, सुंदरि राधा रानी॥

॥ 67 ॥

मानौ माई घन घन अंतर दामिनि।
घन दामिनि दामिनि घन अंतर, सोभित हरि-ब्रज भामिनि॥
जमुन पुलिन मल्लिका मनोहर, सरद-सुहाई-जामिनि।
सुंदर ससि गुन रूप-राग-निधि, अंग-अंग अभिरामिनि॥

रंच्यौ रास मिलि रसिक राइ सौं, मुदित भई गुन ग्रामिनि।
रूप-निधान स्याम सुंदर घन, आनंद मन बिस्रामिनि॥
खंजन-मीन-मयूर-हंस-पिक, भाइ-भेद गज-गामिनि।
को गति गनै सूर म॥ोहन संग, काम बिमोह्यौ कामिनि॥

॥ 68 ॥

नृत्यन स्याम नाना रंग।
मुकुट-लटकनि, भृकुटि-मटकनि, धरे नटवर अंग॥
चलत गति कटि कुनित किंकिनि, घूँघुरू झनकार।
मनौ हँस रसाल-बानी, अरस परस बिहार॥
लसति कर पहुंची उपाजै, मुद्रिका अति जोति।
भाव सौं भुज फिरत जबहीं, तबहिं सोभा होति॥
कबहुँ नृत्यत नारि-गति पर, कबहुं नृत्यत आपु।
सूर के प्रभु रसिक के मनि, रज्यौ रास प्रतापु॥

॥ 69 ॥

रस बस स्याम कीन्हीं ग्वारि।
अधर-रस अँचवत परसपर, संग सब ब्रजनारि॥
काम-आतुर भजीं बाला, सबनि पुरई आस।
इक इक ब्रजनारि, इक-इक आपु करयौ प्रकास॥
कबहुँ नृत्यत कबहुँ गावत, कबहुँ कोक-बिलास।
सूर के प्रभु रास-नायक, करत सुख-दुख नास॥

॥ 70 ॥

अंतर तैं हरि प्रगट भए।
रहत प्रेम के बस्य कन्हाई, जुवतिनि कौं मिलि हर्ष दए॥
वैसोइ सुख सबकौ फिरि दीन्हौं, वहै भाव सब मानि लियौ।
वै जानति हरि संग तबहिं तैं, वहै बुद्धि सबकी वहै हियौ॥
वहै रास-मंडल-रस जानतिं, बिच गोपी, बिच स्याम धनी।
सूर स्याम स्यामा मधि नायक, वहै परस्पर प्रीति बनी॥

## पनघट लीला

॥ 71 ॥

पनघट रोके रहत कन्हाई।
जमुना-जल कोउ भरन न पावै, देखत हीं फिरि जाई॥
तबहिं स्याम इक बुद्धि उपाई, आपुन रहे छपाई।
तट ठाढ़े जे सखा संग के, तिनकौं लियौ बुलाई॥
बैठाय्यौ ग्वालनि कौं द्रुम-तर, आपुन फिरि-फिरि देखत।
बड़ी बार भई कोउ न आई सूर स्याम मन लेखत॥

॥ 72 ॥

जुवति इक आवति देखी स्याम।
द्रुम कैं ओट रहे हरि आपुन, जमना तट गई बाम॥
जल हलोरि गागरि भरि नागरि, जबहीं सीस उठायौ।
घर कौं चली जाए ता पाछै, सिर तैं घट ढरकायौ॥
चतुर ग्वालि करि गह्यौ स्याम कौ, कनक-लकुटिया पाई।
औरनि सौं करि रहे अचगरी, मोसौं लगत कन्हाई॥
गागरि लैं हँसि देत ग्वारि-कर रीतौ घट नहिं लैहौं।
सूर स्याम ह्याँ आनि देहु भरि, तबहि लकुट कर दैहौं॥

॥ 73 ॥

घट भरि देहु लकुट तब दैहौं।
हौं हूँ बड़े महर की बेटी, तुम सौं नहीं डरैहौं॥
मेरी कनक-लकुटिया दे री, मैं भरि दैहौं नीर।
बिसरि गई सुधि ता दिन की तोहिं, हरे सबनि के चीर॥
यह बानी सुनि ग्वारि बिबस भई, तनको सुधि बिसराई।
सूर लकुट कर गिरत न जानी, स्याम ठगौरी लाई॥

॥ 74 ॥

घट भरि दियौ स्याम उठाइ।
नैंकु तन की सुधि न ताकौं, चली ब्रज-समुहाइ॥

स्याम सुंदर नैन-भीतर, रहे आनि समाइ।
जहाँ-जहाँ भरि दृष्टि देखै, तहाँ-तहाँ कन्हाई॥
उतहिं तैं इक सखी आई, कहति कहा भुलाइ।
सूर अबहीं हँसत आई, चली कहा गवाँइ॥

॥ 75 ॥

अतिहिं करत तुम स्याम अचगरी।
काहू की छीनत हौ इँडुरी, काहू की फोरत हौ गगरी॥
भरन देहु जमुना-जल हमकौं, दूरि करौ ये बातैं लँगरी।
पैंड़े चलन न पावै कोऊ, रोकि रहत लरिकनि लै डगरी॥
घाट-घाट सब देखति आवति, जुवती डरनि मरति हैं सगरी।
सूर स्याम तेहिं गारी दीजै, जो कोउ आवे तुम्हरी बगरी॥

॥ 76 ॥

जमुना जल काउ भरन न पावै।
आपुन बैठयौ कदम डार चढ़ि, गारी दै-दै सबनि बुलावै॥
काहू की गगरी गहि फोरै, काहूँ सिर तैं नीर ढरावै।
काहू सौं करि प्रीति मिलत है, नैन-सैन दै चितहिं चुरावै॥
बरबस ही अंकवारि भरत धरि, काहू सौं अपनौ मन लावै।
सूर स्याम अति करत अचगरी, कैसे हूँ काहू हाथ न आवै॥

॥ 77 ॥

मोहन बिन मन न रहै, कहा करौं माई (री)
कोटि भाँति करि रही नहीं, मानै समुझाई (री)
लोक-लाज कौन काज, मन मैं नहिं आई (री)
हिरदै तैं टरत नाहिं, ऐसी मोहनि लाई (री)
सुंदर वर त्रिभंगी, नवरंगी सुखदाई (री)
सूरदास प्रभु बिनु रह्यौ, मोपै नहिं जाई (री)॥

॥ 78 ॥

कैसें जल भरन मैं जाउँ।
गैल मेरी परयौ सखि री, कान्ह जाकौ नाउँ॥
घर तैं निकसत बनत नाहीं, लोक-लाज लजाउँ।
तन इहाँ, मन जाइ अँटक्यौं, नंद-नंदन-ठाउँ॥
जौ रहौं घर बैठि कै तौ, रह्यौं नाहिन जाइ।
सीख तैसी देहु तुमहीं, करौं कहा उपाई॥
जात बाहिर बनत नाहीं, घर न नैकु सुहाइ।
मोहिनी मोहन लगाई, कहति सखिनि सुनाई॥
लाज अरु मरजाद जिय लौं, करति हौं यह सोच।
जाहि बिनु तन प्रान छाँड़े, कौन बुधि यह पोच॥
मनहिं यह परतीति आनी, दूरि करिहौं दोच।
सूर प्रभु हिलि मिलि रहौंगी, लाज डारौं मोच॥

॥ 79 ॥

ऐसौ दान माँगियै नहिं जौ, हम पैं दियौ न जाइ।
बन मैं पाइ अकेली जुवतिनि, मारग रोकत धाइ॥
घाट बाट औघट जमुना-तट, बातैं कहत बनाइ।
कोऊ ऐसौ दान लेत है, कौनैं पठए सिखाइ॥
हम जानति तुम यौं नहीं रैहौ, रहिहौ गारी खाइ।
जो रस चाहौ सो रस नाहिं, गोरस पियौ अघाइ॥
औरनि सौं लै लीजै मोहन, तब हम देहिं बुलाइ।
सूर स्याम कत करत अचगरी, हम सौं कुँवर कन्हाइ॥

॥ 80 ॥

भोरहिं कान्ह करत कत झगरौ।
औरनि छाँड़ि परे हठ हमसौं दिन प्रति कलह करत गहि डगरौ॥
बिनु बोहनी तनक नहीं दैहैं, अैसें छीनी लेहु बरु सगरौ।
सब कौउ जात मधुपरी बेंचन कौनैं दियौ दिखावहु कगरौ॥
इहाँ दान काहे कौं लागत, कौनैं दियौ अबै धौं पगरौ।

आँचर ऐंचि ऐचि राखत हौ, जान देहु अब होत है दगरौ॥
सूर सनेह ग्वालि मन अंटक्यौ, छाँड़िहु दए परत नहिं डगरौ।
परम मगन ह्वै रही चिते मुख, सब तैं भाग याहि कौ अगरौ॥

॥ 81 ॥

लैहौं दान सब अंगनि कौ।
अति मद गलित ताल-फल त गुरु, इन जुग उरज उतंगनि कौ॥
खंजन, कंज, मीन, मृग-सावक, भँवरज बर भुव भंगनि कौ।
कुंदकली, बंधूक, बिंब-फल, बर ताटंक तरंगनि कौ॥
सूरदास-प्रभु हँसि बस कीन्हौ, नायक कोटि अनंगनि कौ॥

॥ 82 ॥

ऐसैं जनि बोलहु नंद लाला।
छाँड़ि देहु अँचरा मेरौ नीकैं, जानत और सी बाला॥
बार-बार मैं तुमहिं कहति हौं, परिहौ बहुरि जँजाला।
जोबन, रूप देखि ललचाने, अबहीं तै ये ख्याला॥
तरुनाई तनु आवन दीजै, कत जिय होत बिहाला।
सूर स्याम उर तैं कर टारहु, टूटै मोतिनि-माला॥

॥ 83 ॥

मैं तुम्हरे मन की सब जानी।
आपु सबै इतराति फिरति हौं, दूषन देति स्याम कौं आनी॥
मेरौ हरि कहँ दसहिं बरस कौ, तुम री जोबन-मद उमदानी।
लाज नहीं आवति इन लँगरिनि, कैसे धौं कहि आवति बानी॥
आपुहिं तोरि हार चोली बंद, उर नख-घात बनाइ निसानी।
कहाँ कान्ह की तनक अंगुरियां, यह कहि बार-बार पछितानी॥
देखहु जाइ और काहू कौं, हरि पर सबहिं रहसि मँड़रानी।
सूरदास-प्रभु मेरौ नान्हौ, तुम तरुनी डोलतिं अठिलानी॥

# राधा कृष्ण लीला

॥ 84 ॥

खेलत हरि निकसे ब्रज-खोरी।
कटि कछनी पीतांबर बाँधे, हाथ लए भौंरा, चक, डोरी॥
मोर-मुकुट, कुंडल स्रवननि बर दसन-दमक दामिनि-छबि छोरी।
गए स्याम रवि-तनया कैं तट, अंग लसति चंदन की खोरी॥
औचक ही देखी तहँ राधा, नैन बिसाल भाल दिए रोरी।
नील बसन फरिया कटि पहिरे, बेनी पीठि रुलति झकझोरी॥
संग लरिकिनी चलि इत आवति, दिन-थोरी, अति छबि तन-गोरी।
सूर स्याम देखत हीं रीझे, नैन-नैन मिलि परी ठगोरी॥

॥ 85 ॥

बूझत स्याम कौन तू गोरी।
कहाँ रहति, काकी है बेटी, देखी नहीं कहूँ ब्रज-खोरी॥
काहे कौं हम ब्रज-तन आवतिं, खेलति रहतिं आपनी पौरी।
सुनत रहति स्रवननि नंद-ढोटा, करत फिरत माखन-दधि-चोरी॥
तुम्हरौ कहा चोरि हम लैहैं, खेलन चलौ संग मिलि जोरी।
सूरदास प्रभु रसिक-सिरोमनि, बातनि भुरइ राधिका भोरी॥

॥ 86 ॥

प्रथम सनेह दुहुँनि मन जान्यौ।
नैन-नैन कीन्हीं सब बात, गुप्त प्रीति प्रगटान्यौ॥
खेलन कबहुँ हमारैं आवहु, नंद-सदन, ब्रज गाउँ।

द्वारें आइ टेरि मोहिं लीजौ, कान्ह हमारौ नाउं॥
जौ कहियै घर दूरि तुम्हारौ, बोलत सुनियै टेरि।
तुमहिं सौंह बृषभानु बबा की, प्रात-साँझ इक फेरि॥
सूधी निपट देखियत तुमकौं, तातैं करियत साथ।
सूर स्याम नागर, उत नागरि राधा, दोउ मिलि गाथ॥

॥ 87 ॥

नंद गए खरिकहिं हरि लीन्हे।
देखी तहाँ राधिका ठाढ़ी, बोलि लिए तिहिं चीन्हे॥
महर कह्यौ खेलौ तुम दोऊ, दूरि कहूँ जिनि जैहौ।
गनती करत ग्वाल गैयनि की, मोहिं नियरैं तुम रैहौ॥
सुनि बेटी बृषमानु महर की, कान्हहिं लेइ खिलाइ।
सूर स्याम कौं देखे रहिहौ, मारै जनि कोउ गाइ॥

॥ 88 ॥

नंद बाबा की बात सुनौ हरि।
मोहिं छाँड़ि जौ कहूँ जाहुगे, ल्याऊँगी तुमकौं धरि॥
भली भई तुम्हैं सौंपि गए मोहिं, जान न देहौं तुमकौं।
बाहँ तुम्हारी नैंकु न छाँड़ौं, महर खीझिहैं हमकौं॥
मेरी बांह छांड़ि दे राधा, करत उपरफट बातैं।
सूर स्याम नागर, नागरि सौं, करत प्रेम की घातैं॥

॥ 89 ॥

गगन घहराइ जुरी घटा कारी।
पवन-झकझोर, चपला-चमक चहुँ ओर, सुवन-तन चितै नंद डरत भारी॥
कह्यौ बृषभानु की कुँवरि सौं बोलि कै, राधिका कान्ह घर लिए जा री।
दोउ घर जाहु संग, गगन भयौ स्याम रंग, कुँवर-कर गह्यौ बृष भानु-बारी॥
गए बन घन ओर, नवल नंद-किसोर, नवल राधा, नए कुंज भारी।
अंग पुलकित भए, मदन तिन तन जए, सूर प्रभु स्याम स्यामा बिहारी॥

॥ 90 ॥

नवल गुपाल, नबेली राधा, नये प्रेम-रस पागे।
अंतर बन-बिहार दोउ क्रीड़त, आपु-आपु अनुरागे॥
सोभित सिथिल बसन मनमोहन, सुखवत स्रम के पागे।
मानहुँ बुझी मदन की ज्वाला, बहुरि प्रजारन लागे॥
कबहुँक बैठि अँस भुज धरि कै, पीक कपोलनि पागे।
अति रस-रासि लुटावत लूटत, लालचि लाल सभागे॥
नहिं छूटति रति-रुचिर भामिनी, वा रस मैं दोउ पागे।
मनहुँ सूर कल्पद्रुम की सिधि, लै उतरी फल आगे॥

॥ 91 ॥

तुरत गए नंद-सदन कन्हाई।
अंकम है राधा घर पठई, बादर जहँ-तहँ दिए उड़ाई॥
प्यारी की सारी आपुन लै, पीतांबर राधा उर लाई।
जो देखै जसुमति हरि ओढ़े, मन यह कहति कहाँ धौ पाई॥
जननी-नैन तुरत लखि लीन्हौ, तबहिं स्याम इक बुद्धि-उपाई।
सूरदास जसुमति सुत सौं कहै, पीत ओढ़नी कहाँ गँवाई॥

॥ 92 ॥

पीत उढ़नियाँ कहाँ बिसारी।
यह तौ लाल ढिगनि की औरै, है काहू की सारी॥
हौं गोधन लै गयौ जमुन-तट, तहाँ हुतीं पनहारी।
भीर भई सुरभी सब बिडरीं, मुरली भली सम्हारी॥
हौं लै भज्यौ और काहू की, सौ लै गई हमारी।
सूरदास प्रभु भली बनाई, बलि जसुमति महतारी॥

॥ 93 ॥

नाम कहा तेरौ री प्यारी।
बेटी कौन महर की है तू, को तेरी महतारी॥

धन्य कोख जिहिं तोकौं राख्यौ, धनि घरि जिहिं अवतारी।
धन्य पिता माता तेरे, छवि निरखति हरि-महतारी॥
मैं बेटी बृषभानु महर की, मैया तुमकौं जानतिं।
जमुना-तट बहु बार मिलन भयौ, तुम नाहिंन पहिचानतिं॥
ऐसी कहि, वाकौं मैं जानति, वह तौ बड़ी छिनारि।
महर बड़ौ लंगर सब दिन कौ, हँसति देति मुख गारि॥
राधा बोलि उठी, बाबा कछु, तुमसौं ढीठौं कीन्हौ॥
ऐसे समरथ कब मैं देखे हँसि प्यारिहिं उर लीन्हौं।
महरि कुँवरि सौं यह कहि भाषति, आउ करौं तेरी चोटी।
सूरदास हरषित नंदरानी, कहति महरि हम जोटी॥

॥ 94 ॥

बूझति जननि कहाँ हुती प्यारी।
किन तेरे भाल तिलक रचि कीनौ, किहिं कच गूँदि माँग सिर पारी॥
खेलति रही नंद कैं आँगन, जसुमति कहीं कुँवरि ह्याँ आ री।
मेरौ नाउँ बूझि बाबा कौ, तेरौ बूझि दई हँसि गारी॥
तिल चाँवरी गोद करि दीनी फरिया दई फारि नव सारी।
मो तन चितै, चितै ढाटा-तन, कछु सबिता सौं गोद पसारी॥
यह सुनि कै वृषभानु मुदित चित, हँसि-हँसि बूझत बात दुलारी।
सूर सुनत रस सिंधु बढ़यौ अति, दंपति एकै बात बिचारी॥

॥ 95 ॥

कहत कान्ह जननी समुझाइ।
जहँ तहँ डारे रहत खिलौना, राधा जनि लै जाइ चुराई॥
साँझ सवारैं आवन लागी, चितै रहति मुरली तन आई।
इनहीं मैं मेरे प्रान बसत हैं, तेरे भाएँ नैंकु न माइ॥
राखि छपाइ, कह्यौ करि मेरौ, बलदाऊ कौं जनि पतिआई।
सूरदास यह कहति जसोदा, को लैहै मोहिं लगौ बलाइ॥

॥ 96 ॥

सुता महर बृषभानु की, नंद-सदनहिं आई।
गृह-द्वारैं ही अजिर मैं, गो दुहत कन्हाई॥
स्याम चितै मुख-राधिका, मन हरष बढ़ाई।
राधा हरि-मुख देखि कै, तन-सुरति भुलाई॥
महरि देखि कीरति-सुता, तिहि लियौ बुलाई।
दंपति कौ सुख देखि कै, सूरज बलि जाइ॥

॥ 97 ॥

प्रगटी प्रीति, न रही छपाई।
परी दृष्टि बृषभानु-सुता की, दोउ अरुझे, निरवारि न जाई।
बछरा छोरि खरिक कौं दीन्हौं, आपु कान्ह तन सुधि बिसराई
नोवत बृषभ निकसि गैया गईं, हँसत सखा कह दुहत कन्हाई॥
चारौं नैन भए इक ठाहर, मनहीं मन दुहं रुचि उपजाई।
सूरदास स्वामी रतिनागर, नागरि देखि गई नगराई॥

॥ 98 ॥

तुम पै कौन दुहावै गैया।
लिए रहत हौ कनक-दोहनी, बैठत हौ अधपैया॥
अति रस काम की प्रीति जानि कै, आवत खरिक दुहैया।
इत चितवत, उत धार चलावत, यहै सिखायौ मैया?
गुप्त प्रीति तासौं करि मोहन, जो है तेरी दैया।
सूरदास प्रभु झगरौ सीख्यौ, ज्यौं घर खसम गुसैंयाँ॥

॥ 99 ॥

धेनु दुहत अतिहीं रति बाढ़ी।
एक बार दोहनि पहुँचावत, एक धार जहँ प्यारी ठाढ़ी॥
मोहन-कर तैं धार चलति, परि मोहनि-मुख अतिहीं छबि गाढ़ी।

मनु जलधर जलधार वृष्टि लघु, पुनि पुनि प्रेम चंद पर बाढ़ी।
सखी संग की निरखति यह छबि, भई ब्याकुल मन्मथ की डाढ़ी।
सूरदास प्रभु के रस-बस सब, भवन-काज तैं भई उचाढ़ी॥

॥ 100 ॥

सखियन मिलि राधा घर लाईं।
देखहु महरि सुता अपनी कौं, कहुँ इहिं कारैं खाई॥
हम आगैं आवति, यह पाछैं, धरनि परी भहराई।
सिर तैं गई दोहनी ढरिकै, आपु रही मुरझाई॥
स्याम-भुअंग डस्यौ हम देखत, ल्यावहु गुनी बुलाई।
रोवति जननि कंठ लपटानी सूर स्याम गुन राई॥

॥ 101 ॥

नंदसुवन गारुड़ी बुलावहु।
कह्यौ हझारौ सुनत न कोऊ, तुरत जाहु, लै आवहु॥
ऐसौ गुनी नहीं त्रिभुवन कहुँ, हम जानतिं हैं नीकैं।
आइ जाइ तौ तुरत जियावहिं, नैकु छुवत उठै जी कै॥
देखौ धौं यह बात हमारी, एकहि मंत्र जिवावै।
नंद महर कौ सुत सूरज जौ, कैसेहुँ ह्याँ लौ आवै॥

॥ 102 ॥

हँसि बस कीन्हीं घोष-कुमारि।
बिवस भई तन की सुधि बिसरी, मन हरि लियौ मुरारि॥
गए स्याम ब्रज-धाम आपनैं, जुवति मदन-सर मारि।
लहर उतारि राधिका-सिर तैं, दई तरुनिनि पै डारि॥
करतिं विचार सुंदरी सब भिलि, अब सेवहु त्रिपुरारि।
माँगहु यहै देहु पति हमकौं, सूर-सरन बनवारि॥

॥ 103 ॥

रास-मंडल-मध्य स्याम राधा।
मनौ घन बीच दामिनी कौंधति सुभग एक है रूप, द्वै नाहिं बाधा॥
नायिका अष्ट अष्टहु दिसा सोहहीं, बनी चहुँ पास सब गोप-कन्या।
मिले सब संग नहिं लखत कोउ परसपर, बने षट-दस सहस कृष्न सन्या॥
सजे शृंगार नव सात जगमगि रहे अंग भूषन, रैनि बनी तैसी।
सूर प्रभु नवल गिरिधर, नवल राधिका, नवल ब्रज-नारि मंडली॥

॥ 104 ॥

नृत्यत हैं दोउ स्यामा स्याम।
अंग मन पिय तैं प्यारी अति, निरखि चकित ब्रज बाम॥
तिरप लेत चपला सी चमकति, झमकत भूषन अंग।
या छबि पर उपमा कहुँ नाहीं, निरखत बिबस अनंग॥
श्री राधिका सकल गुन पूरन, जाके स्याम अधीन।
संग तैं होत नहीं कहुँ न्यारे, भए रहत अति लीन॥
रस समुद्र मानौ उछलित भयौ, सुंदरता की खानि।
सूरदास-प्रभु रीझि थकित भए, कहत न कछू बखानि॥

॥ 105 ॥

बृषभानु नंदिनी अति सुछबि मयी बनी।
बृंदाबन चंद राधा निरमल चाँदनी॥
स्याम अलकनि सुबीच मोती दुति मंगा।
मानहुं झलमलति संभु के सीस गंगा॥
स्रवन ताटंक सोहै चिकुरनि की कांति।
उलटि चल्यौ है राहु चक्र की सु भाँति॥
गोरै ललाट सोहै सेंदुर कौ बिंद।
ससिहिं उपमा देइ को कबि को है निंद॥
आलस उनींदे नैन, लागत सुहाए।
नासिका चंपक कली कौं अली भाए॥

बदन मंजन तैं अंजन गयौ ह्वै दुरि।
कलंक रहित ससि पून्यौ ज्यौं कला पूरि॥
गिरि तैं लता हैं भई यह तौ हम सुनि।
कंचन लता तैं भए द्वै गिरि बर पुनि॥
कंचन से तनु सोहै नीलांबर सारी।
कुहूँ निसा-मध्य मनौ दामिनी उज्यारी॥
नख सिख सोभा मोपै बरनी नहिं जाइ।
तुम सी तुमहीं राधा स्यामहिं मन-भाइ॥
यह छबि सूरदइास मन नित रहै बानी।
नंद के नंदन राजा राधिका रानी॥

॥ 106 ॥

कृपा सिंधु हरि कृपा करौ हो।
अनजानैं मन गर्व बढ़ायौ, सो जिनि ह्रदय धरौ हो॥
सोरह सहस पीर तनु एकै, राधा जिव, सब देह।
ऐसी दसा देखि करुनामय, प्रगटौ ह्रदय-सनेह॥
गर्व-हत्यौ तनु, बिरह प्रकास्यौ, प्यारी व्याकुल जानि।
सुनहु सूर अब दरसन दीजै, चूक लई इनि मानि॥

॥ 107 ॥

राधे छिरकति छींट छबीली।
कुच कुंकुम कंचुकि बंद छूटे, खटकि रही लट गीली॥
बंदन सिर ताटंक गंड पर, रतन जटित मनि नीली।
गति गयंद, मृगराज सुकटि पर, सोभित किंकिनि ढीली॥
मच्यौ खेल जमुना-जल-अंतर, प्रेम मुदित रस-झीली।
नंद-सुवन-भुज ग्रीव विराजति, भाग-सुहाग भरीली॥
बरषत सुमन देवगन हरषत, दुंदुभि सरस बजीली।
सूर स्याम-स्यामा रस क्रीड़त, जमुना-तरंग थकीली॥

॥ 108 ॥

स्यामा स्याम अंकम भरी।
उरज उर परसाइ भुज-भुज जोरि गाढ़ैं धरी॥
तुरत मन सुख मानि लीन्हौ, नारि तिहिं रंग ढरी।
परस्पर दोउ करत क्रीड़ा, राधिका नव हरी॥
ऐसे हीं सुख दियौ मोहन, सबै आनंद भरी।
करत रंग हिलोर जमुना, प्रेम आनंद झरी।
रास-निसि-स्रम दूरि कीन्हौ, धन्य धनि यह घरी।
सूर-प्रभु तट निकसि आए, नारि संग सब खरी॥

॥ 109 ॥

तुम सौं कहा कहौं सुंदर घन।
या ब्रज मैं उपहास चलत है, सुनि सुनि स्रवन रहति मनहीं मन॥
जा दिन सबनि पछारि, नोइ करि, मोहि दुहि दई धेनु बंसीबन।
तुम गही बाहँ सुभाइ आपनैं हौं चितई हँसि नैंकु बदन-तन॥
ता दिन तैं घर मारग जित तित, करत चवाव सकल गोपीजन।
सूर स्याम अब साँच पारिहौं, यह पतिब्रत तुमसौं नंद-नंदन॥

॥ 110 ॥

बात यह तुमसौं कहत लजाउँ।
सुनि न जात घर घर कौ घेरा, काहूँ मुख न समाउँ॥
नर नारी सब यहै चलावत, राधा मोहन एक।
मातु पिता सुनि सुनि अति, त्रासत, मैं इक वै जु अनेक॥
आपु जबै द्वारैं ह्वै निकसत, देखत सबै सुगात।
निंदत तुमहिं सुनावत मोकौं, सुनत न नैं कु सुहात॥
धिक नर, धिक नारी, धिक जीवन, तुमहिं बिमुख धिक देह।
सूर स्याम यह कोउ न जानत, तन ह्वै है जरि खेह॥

॥ 111 ॥

हँसि बोले गिरिधर रस बानी।
गुरु जन खिझैं कतहिं रिस पावति, काहे कौं पछितानी॥
देह धरे कौ धर्म यहै है, स्वजन कुटुंब गृह-प्रानी।
कहन देहु, कहि कहा करेंगे, अपनी सुरत हिरानी?॥
लोक लाज काहे कौं छाँड़ति, ब्रजहीं बसैं भुलानी।
सूरदास घट द्वै हैं, मन इक, भेद नहीं कछु जानी॥

॥ 112 ॥

मोसौं कहा दुरावति राधा।
कहाँ मिली नंद-नंदन कौं, जिनि पुरइ मन की साधा॥
व्याकुल भई फिरति ही अबहीं, काम बिथा तनु बाधा।
पुलकित रोम रोम गद गद, अब अंग अंग रूप अगाधा॥
नहिं पावत जो रस जोगी जन, जप-तप करत समाधा।
सुनहु सूर तिहिं रस परिपूरन, दूरि कियौ तनुदाधा॥

॥ 113 ॥

अब राधा तू भई सयानी।
मेरी सीख मानि हिरदय धरि, जहँ-तहँ डोलति बुद्धि-अयानी॥
भई लाज की सामा तनु मैं, सुनि यह बात कुँवरि मुसुकानी।
हँसति कहाँ मैं कहति भली तोहि, सुनति नहीं लोगनि की बानी॥
आजुहिं लैं कहुँ जान न दैहौं, भा तेरी कछु अकथ कहानी।
सूर स्याम कैं संग न जैहौं, जा कारन तू मोहिं रिसानी॥

॥ 114 ॥

काकौ काकौ मुख माई बातनि कौं गहियै।
पाँच की सात लगायौ, झूठी झूठी कै बनायौ, साँची जौ तनक होइ, तौलौं सब सहियै॥
बातनि गह्यौ कास, सुनत न आवै सांस, बोलि तौ कछु न आवै, तातैं मौन गहियै।
ऐसें कहैं नर नारि, बिना भीति चित्रकारि, काहे कौं देखे मैं कान्ह कहा कहौ कहियै॥

घर घर यहै घैर, वृथा मोसौं करैं बैर, यह सुनि सुनि स्रौन, हिरदय दहियै।
सूरदास वरु उपहास होइ सिर मेरैं नंद को सुवन मिलै तौ पै कहा चहियै ॥

॥ 115 ॥

सखी यह बात तुम कही साँची।
जाकैं हिरदय जौन, कहै मुख तैं तौन, कैसैं हरि कौन, कही लीक खांची ॥
हरखि ब्रज-नारि भरि लेति अंकवारि, सब कहति तू कहा यह बात जानै।
हम हँसत कहति, तू रिस कहा गहति री, नागरी राधिका बिलग मानै ॥
तुमहिं उलटी कहौ, तुमहिं पलटी कहौ, तुमहिं रिस करतिं, मैं कछु न जानौ।
सूर-प्रभु कौ नाम मोहिं तुमहीं कह्यौ, स्रवन यह सुन्यौ तुम कछू मानौ ॥

॥ 116 ॥

राधा जल बिहरति सखियनि संग।
ग्रीव प्रजंत नीर मैं ठाढ़ी, छिरकति जल अपनै अपनै रंग ॥
मुख भरि नीर परसपर डारतिं, सोभा अतिहिं अनूप बढ़ी तब।
मनहु चंद गन सुधा गँडूषनि, डारति हैं आनंद भरे सब ॥
आईं निकसि जानु कटि लौं सब, अँजुरिनि तैं लै लै जल डारतिं।
मानहु सूर कनक बल्ली जुरि, अमृत बूंद पवन मिस झारति ॥

॥ 117 ॥

चितवनि रोकैं हूँ न रही।
स्यामसुंदर सिंध सनमुख, सरित उमंगि बही ॥
प्रेमसलिल प्रवाह भंवरनि, मिलि, न कबहुं लही।
लोभलहर कटाच्छ, घूँघटपट करार ढही ॥
थके पल पथ, नाव धीरज परति नहिंन गही।
मिली सूर सुभाव स्यामहिं, फेरिहूँ न चही ॥

॥ 118 ॥

देखौ री राधा उत अटकी।
चितै रही इक टक हरि ही तन, ना जानियै कौन अंग लटकी ॥
काल्हि हमैं कैसैं निदरति ही, मैरैं चित वह टरति न खटकी।
न्हात रही कैसैं संग मिलिकै, चित चंचल बिरहा की चटकी ॥
बात कहत तुलसी मुख मेलै, नैन सैन दे दै मुँह मटकी।
सूर स्याम कैं रूप भुलानी, राधा कैं सुधि रही न घटकी ॥

॥ 119 ॥

तैं ही स्याम भले पहिचाने।
साँची प्रीति जानि मनमोहन, तेरेहिं हाथ बिकाने ॥
हम अपराध कियौ कहि तुमसौं, हमहीं कुलटा नारि।
तुमसौं उनसौं बीच नहीं कछु तुम दोऊ बर नारि ॥
धन्य सुहाग भाग है तेरौ, धनि बड़भागी स्याम।
सूरदास प्रभु से पति जाकैं, तोसी जाकैं बाम ॥

॥ 120 ॥

राधा स्याम की प्यारी।
कृष्न पति सर्बदा तेरे, तू सदा नारी ॥
सुनत बानी सखी मुख की, जिय भयौ अनुराग।
प्रेम गदगद, रोम पुलकित, समुझि अपनौ भाग ॥
प्रीति परगट कियौ चाहै, बचन बोलि न जाइ।
नंद नंदन काम नायक रहे नैननि छाइ ॥
हृदय तैं कहुँ टरत नाहीं, कियौ निहचल बास।
सूर प्रभु रस भरी राधा, दुरत नहीं प्रकास ॥

॥ 121 ॥

जौ बिधना अपबस करि पाऊँ।
तौ सखि कह्यौ होइ कछु तेरौ, अपनी साध पुराऊँ ॥

लोचन रोम रोम प्रति माँगौं, पुनि पुनि त्रास दिखाऊँ।
इकटक रहैं पलक नहिं लागैं, पद्धति नई चलाऊँ॥
कहा करौं छबि रासि स्यामघन, लोचन द्वै नहिं ठाऊँ।
एते पर ये निमिष सूर सुनि, यह दुख काहि सुनाऊँ॥

॥ 122 ॥

कहि राधिका बात अब साँची।
तुम अब प्रगट कही मो आगैं, स्याम प्रेम रस माँची॥
तुमकौं कहाँ मिले नंद नंदन, जब उनकै रंग राँची।
खरिक मिले, की, गोरस बेंचत, की जब बिषहर बाँची॥
कहैं बनै छाँड़ौ चतुराई, बात नहीं यह काँची।
सूरदास राधिका सयानी, रूप रासि रस खाँची॥

॥ 123 ॥

कब री मिले स्याम नहिं जानौं।
तेरी सौं करि कहति सखी री, अजहूँ नहिं पहिचानौं॥
खरिक मिले, की गोरस बेंचत, की अबहीं, की कालि।
नैननि अंतर होत न कबहूँ, कहति कहा री आलि॥
एकौ पल हरि होत न न्यारे, नीकैं देखे नाहिं।
सूरदास प्रभु टरत न टारैं, नैननि सदा बसाहिं॥

॥ 124 ॥

जब तैं प्रीति स्याम सौं कीन्ही।
ता दिन तैं मेरैं इन नैननि, नैकुहुँ नींद न लीन्ही॥
सदा रहै मन चाक चढ़्यौ, सो और न कछू सुहाइ।
करत उपाइ बहुत मिलिबै कौं, यहै बिचारत जाइ॥
सूर सकल लागति ऐसीयै, सो दुख कासौं कहियै।
ज्यौं अचेत बालक की बेदन, अपनैं ही तन सहियै॥

॥ 125 ॥

मैं मन बहुत भाँति समुझायौ।
कहा करौं दरसन रस अटक्यौ, बहुरि नहीं घट आयौ॥
इन नैननि कै भेद, रूप रस उर मैं आनि दुरायौ।
बरजत ही बेकाज सुपन ज्यौं, पलट्यौ, नहिं जो सिधायौ॥
लोक बेद कुल निदरि, निडर ह्वै, करत आपनौ भायौ।
मुख छबि निरखि चौंधि निसि खग ज्यौं हठि अपुनयौ बँधायौ॥
हरि कौं दोष कहा कहि दीजै, यह अपनै बल धायौ।
अति बिपरीत भई सुनि सूरज, मुरझयौ मदन जगायौ॥

॥ 126 ॥

राधा तैं हरि कैं रंग राँची।
तो तैं चतुर और नहिं कोऊ, बात कहौं मैं साँची॥
तैं उनकौ मन नहीं चुरायौ, ऐसी है तू काँची।
हरि तेरौ मन अबहिं चुरायौ, प्रथम तुहीं है नाँची॥
तुम अरु स्याम एक हौ दौऊ, बाकी नाहीं बाँची।
सूर स्याम तेरैं बस राधा, कहति लीक मैं खाँची॥

॥ 127 ॥

राधा हरि अनुराग भरी।
गदगद मुख बानी परकासति, देह दसा बिसरी॥
कहति यहै मन हरि हरि लै गए, याही परनि परी।
लोक सकुच संका नहिं मानति, स्यामहिं रंग ढरी॥
सखी सखी सौं कहति बावरी, इहिं हमकौं निदरी।
सूर स्याम संग सदा रहति है, बूझैं हूँ न करी॥

॥ 128 ॥

राधा मोहन सहज सनेही।
सहज रूप गुन, सहज लाड़िले, एक प्रान द्वै देही॥

सहज माधुरी अंग अंग प्रति, सहज सदा बन गेही।
सूर स्याम स्यामा दोउ सहजहिं सहज प्रीति करि लेहीं॥

॥ 129 ॥

मातु पिता अति त्रास दिखावत।
भ्राता मोहिं मारन कौं धिरवै, देखैं मोहिं न भावत॥
जननी कहति बड़े की बेटी, तोकौ लाज न आवति।
पिता कहै कैसी कुल उपजी, मनहीं मन रिस पावति॥
भगिनी देखि देति मोहिं गारी, काहैं कुलहिं लजावति।
सूरदास प्रभु सौं यह कहि कहि, अपनी बिपति जनावति॥

॥ 130 ॥

बिहँसि राधा कृष्न अँक लीन्ही।
अधर सौं अधर जुरि नैन सौं नैन मिलि हृदय लगि हरष कीन्ही।
कंठ भुज भुज जोरि उछँग लीन्ही नारि भुवनदुख टारि सुख दियौ भारी।
हरषि बोले स्याम कुंजबन घनधाम तहाँ हम तुम संग मिलैं प्यारी।
जाहु गृह परम धन हमहुं जै हैं सदन आइ कहुँ पास मोहिं सैन दैहौ।
सूर यह भाव दै, तुरतहीं गवन करि, कुँजगृहसदन तुम जाइ रैहौ॥

॥ 131 ॥

लटैं उघरारी कहीं छूटि छूटि आनन पै,
भींजी हैं फुलेलनि सौं आली हरि संग केलि।
सौंधैं अरगजा अरु मरगजी सारी अंग,
कहूँ दरकी कुचनि पर अँगिया नवेलि॥
नैन अरसात अरु बैनहू अपटात,
जाति ऐंड़ाति गात गोरि बहिंयानि झेलि॥
सूर प्रभु प्यारी प्यारे संग करि रंग रास,
अरस परस दोऊ अंकम धर्यौ है मेलि॥

॥ 132 ॥

राधा चकृत भई मन माहीं।
अबहीं स्याम द्वार ह्वै झाँके, ह्याँ आए क्यौं नाहीं॥
आपुन आइ तहाँ जो देखै, मिले न नंदकुमार।
आवत ही फिरि गए स्यामघन, अति ही भयौ बिचार॥
सूनैं भवन अकेली मैं ही, नीकैं उझकि निहारयौ।
मोतैं चूक परी मैं जानी, तातैं मोहिं बिसारयौ॥
इक अभिमान ह्रदय करि बैठी, एते पर झहरानी।
सूरदास प्रभु गए द्वार ह्वै, तब ब्याकुल पछितानी॥

॥ 133 ॥

स्याम बिरह-बन माँझ हिरानी।
संगी गए संग सब तजि कै, आपुन भई दिवानी॥
स्याम धाम मैं गर्बहिं राखति, दुराचारिनी जानी।
तातैं त्यागि गए आपुहिं सब, अंग अंग रति मानी॥
अहंकार लंपट अपकाजी, संग न रह्यौ निदानी।
सूर स्याम नागर बिनु राधा नागरि चित्त भुलानी॥

॥ 134 ॥

मान बिना नहिं प्रीति रहै री।
धाइ मिले की गति तेरी सी, प्रगट देखि मोहिं कहा कहै री॥
अपनौ चाड़ सारि उन लीन्हौ, तू काहैं अब बृथा बहै री।
बैठि रहैं काहैं नहिं दृढ़ ह्वै, फिरि काहैं नहिं मान गहैं री॥
अपनौ पेट दियौ तैं उनकौ, नाकबुद्धि तिय सबै कहै री।
सूर स्याम ऐसे हैं माई, उनकौ बिनु अभिमान लहै री॥

॥ 135 ॥

राधेहिं मिलेहुँ प्रतीति न आवति।
जदपि नाथ बिधुबदन बिलोकत, दरसन कौ सुख पावति॥

भरि भरि लोचन रूप परम निधि, उरमैं आनि दुरावति।
बिरह विकल मति दृष्टि दुहूँ दिसि, संचि सरघा ज्यौं धावति॥
चितवत चकित रहति चित अंतर, नैन निमेष न लावति।
सपनौ आहि कि सत्य ईस यह, बुद्धि बितर्क बनावति॥
कबहुँक करति बिचार कौन हौं, को हरि कैं हिय भावति।
सूर प्रेम की बात अटपटी, मन तरंग उपजावति॥

॥ 136 ॥

स्याम भए राधा बस ऐसैं।
चातक स्वाति, चकोर चंद ज्यौं, चक्रवाक रबि जैसैं॥
नाद कुरंग, मीन जल की गति, ज्यौं तनु कैं बस छाया।
इकटक नैन अंग छबि मोहे, थकित भए पति जाया॥
उठैं उठत, बैठैं बैठत हैं, चलैं चलत सुधि नाहीं।
सूरदास बड़भागिनि राधा, समुझि मनहिं मुसुकाहीं॥

॥ 137 ॥

खंजन नैन सुरंग रस माते।
अतिसय चारु बिमल, चंचल ये, पल पिंजरा न समाते॥
बसे कहूँ सोइ बात सखी, कहि रहे इहाँ किहिं नातैं।
सोइ संज्ञा देखति औरासी, विकल उदास कला तैं॥
चलि चलि जात निकट स्रवननि के सकि ताटंक फँदाते।
सूरदास अंजन गुन अटके, नतरु कबै उड़ि जाते॥

॥ 138 ॥

यह ऋतु रूसिबे की नाहीं।
बरषत मेघ मेदिनी कैं हित, प्रीतम हरषि मिलाहीं॥
जेती बेलि ग्रीष्म ऋतु डाहीं, ते तरवर लपटाहीं।
जे जल बिनु सरिता ते पूरन, मिलन समुद्रहिं जाहीं॥
जोबन धन है दिवस चारि कौ, ज्यौ बदरी की छाहीं।

मैं दंपति रस रीति कही है, समुझि चतुर मन माहीं ॥
यह चित धरि री सखी राधिका, दै दूती कौं बाहीं।
सूरदास उठि चली री प्यारी, मेरैं संग पिय पाही ॥

॥ 139 ॥

हरि मुख राधा राधा बानी।
धरिनी परे अचेत नहीं सुधि, सखी देखि अकुलानी ॥
बासर गयौ, रैनि इक बीती, बिनु भोजन बिनु पानी।
बाँह पकरि तब सखिनि जगायौ, धनि धनि सारंग पानी ॥
ह्याँ तुम बिबस गए हौ ऐसे, ह्वाँ तौ वै बिबसानी।
सूर बने दोउ नारि पुरुष तुम, दुहुँ की अकथ कहानी ॥

॥ 140 ॥

हरि संग खेलति हैं सब फाग।
इहिं मिस करति प्रगट गोपी, उर अंतर कौ अनुराग ॥
सारी पहिर सुरंग, कसि कंचुकि, काजर दै दै नैन।
बनि बनि निकसि निकसि भई ठाढ़ी, सुनि माधौ के बैन ॥
डफ, बाँसुरी रुंज अरु महुअरि, बाजत ताल मृदंग।
अति आनंद मनोहर बानी, गावत उठति तरंग ॥
एक कोध गोबिंद ग्वाल सब, एक कोध ब्रज नारि।
छाँड़ि सकुच सब देति परस्पर, अपनी भाई गारि ॥
मिलि दस पाँच अली चली कृष्नहिं, गहि लावतिं अचकाइ।
भरि अरगजा अबीर कनक घट, देति सीस तैं नाइ ॥
छिरकतिं सखी कुमकुमा केसरि, भुरकति बंदन धूरि।
सोभित है तनु साँझ समै घन, आए हैं मनु पूरि ॥
दसहूँ दिसा भयौ परिपूरन, सूर सुरंग प्रमोद।
सुर बिमान कौतूहल भूले, निरखत स्याम बिनोद ॥

# मथुरा लीला

॥ 141 ॥

सुनौ अक्रूर यह बात साँची कहौं आजु मोहिं भोर तैं चेत नाहीं।
स्याम बलराम यह नाम सुनि ताम मोहिं, काहि पठवहुँ जाइ तिनहिं पाहीं॥
प्रीति करि नंद सौं सहज बातैं कहै, तुरत ल्यावै दुहूँ नृपति बोले।
देखिबे की साध सुनि गुन बिपुल, अतिहिं सुंदर सुने दोउ अमोले॥
कमल जब तै उरग पीठि ल्याये सुने, वहै बकसीस अब उनहिं दै हैं।
सूर प्रभु स्याम बलराम कौ डर नहीं, बचन उनके सुनत हर्ष पै हैं॥

॥ 142 ॥

यह बानी कहि कंस सुनाई।
तब अक्रूर हियैं भयौ धीरज, डर डार्‌यौ बिसराई॥
मन मन कहत कहा चित बैठी, सुनि सुनि वैसी बानी।
अपनौ काल आपुहीं बोल्यौ, इनकी मीच तुलानी॥
हरषि बचन अक्रर कहे तब, तुरत काज यह कीजै।
सूर जाहि आयुसु करि पाऊँ, भोर पठै तिहिं दीजै॥

॥ 143 ॥

ब्याकुल नंद सुनत यह बानी।
धरनी मुरछि परी अति ब्याकुल, बिबस जसोदा रानी॥
ब्याकुल गोप ग्वाल सब ब्याकुल, ब्याकुल ब्रज की नारि।
ब्याकुल सखा स्याम बल के जे, ब्याकुल तन न सँभारि॥
धरनी परत, उठत, पुनि धावत, इहिं अंतर नंद जागे।

धकधकात उर, नैन स्रवत जल, सुत अंग परसन लागे॥
सिसकत सुनि जसुमति अतुराई, कहा महर भ्रम पायौ।
सूर नंद धरनी के आगैं, यह भ्रम नहीं सुनायौ॥

॥ 144 ॥

सुफलक सुत हरि दरसन पायौ।
रही न सक्यौ रथ पर सुख ब्याकुल, भयौ वहै मन भायौ॥
भू पर दौरि निकट हरि आयौ, चरननि चित्त लगायौ।
पुलक अंग, लोचन जल धारा, श्रीपद सिर परसायौ॥
कृपासिंधु करि कृपा मिले हँसि, लियौ भक्त उर लाइ।
सूरदास यह सुख सोइ जानै, कहौं कहा मैं गाइ॥

॥ 145 ॥

सुन्यौ ब्रज लोग कहत चह बात।
चकित भए नारि नर ठाढ़े पाँच न आवै सात॥
कित नंद जसुमति भइ चकित, मन ही मन अकुलात।
दै दै सैन स्याम बलरामहिं, सबै बुलावत जात॥
पारब्रह्म अविगत अविनासी, माया रहित अतीत।
मनौं नहीं पहिचानि कहूँ की, करत सबै मन भीत॥
बोलत नहीं नैंकु चितवत नहिं, सुफलक सुत सौं पागे।
सूर हमैं हित करि नृप बोले, यहै कहत ता आगैं॥

॥ 146 ॥

चलत जानि चितवतिं ब्रज जुबती, मानहु लिखीं चितेरैं।
जहाँ सु तहाँ एकटक रहि गईं, फिरत न लोचन फेरैं॥
बिसरि गई गति भाँति देह की, सुनतिं न स्रवननि टेरैं।
मिलि जु गईं मानौ पै पानी, निबरतिं नहीं निबेरैं॥
लागीं संग मतंग मत्त ज्यौं, घिरतिं न कैसैं हुँ घेरैं।
सूर प्रेम आसा अंकुस जिय, वै नहिं इत उत हेरैं॥

॥ 147 ॥

अब देखि लै री स्याम कौ मिलनौ बड़ी दूरि।
मधुबन चलन कहत हैं सजनी, इन नैननि की मूरि॥
ठाढ़ी चितवैं छाहँ कदम की, उड़त न रथ की धूरि।
सूरदास प्रभु तुम्हरे दरस बिनु, बिरह रह्यौ मन पूरि॥

॥ 148 ॥

जसोदा बार बार यौं भाषै।
है कोउ ब्रज मैं हितू हमारो चलत गुपालहिं राखै॥
कहा काज मेरे छगन मगन कौं, नृप मधुपुरी बुलायौ।
सुफलक सुत मेरे प्रान हरन कौं, काल रूप ह्वै आयौ॥
बरु यह गोधन हरौ कंस सब, मोहिं बंदि लै मेलौ।
इतनोई सुख कमल नयन मेरी अंखियनि आगैं खेलौ॥
बासर बदन बिलोकत जीवौं, निसि निज अंकम लाऊँ।
तिहिं बिछुरत जौ जियौं कर्मबस, तौ हँसि काहि बुलाऊँ॥
कमलनयन गुन टेरत टेरत, अधर बदन कुम्हिलानी।
सूर कहाँ लगि प्रगटि जनाऊ दुखित नंद जु की रानी॥

॥ 149 ॥

मोहन इतौ मोह चित धरियै।
जननी दुखित जानि कै कबहूँ, मथुरा गवन न करियै॥
यह अक्रूर क्रूर कृत रचिकै, तुमहिं लेन है आयौ।
तिरछे भए करम कृत पहिले, विधि यह ठाट बनायौ॥
बार बार जननी कहि मोसौं, माखन माँगत जौन।
सूर तिनहिं लैबे कौं आए, करि हैं सूनो भौन॥

॥ 150 ॥

जसुमति अति हीं भई बिहाल।
सुफलक सुत यह तुमहिं बूझियत, हरत हमारे बाल॥

ये दोउ भैया जीवन हमरे, कहति रोहिनी रोइ।
धरनी गिरति, उठति अति ब्याकुल कहि राखत नहिं कोई॥
निठुर भए जब तैं यह आयौ, घरहू आवत नाहिं।
सूर कहा नृप पास तुम्हारौ, हम तुम बिनु मरि जाहिं॥

॥ 151 ॥

कन्हैया मेरी छोह बिसारी।
क्यौं बलराम कहत तुम नाहीं, मैं तुम्हरी महतारी॥
तब हलधर जननी परबोधत, मिथ्या यह संसारी।
ज्यौं सावन की बेलि फैलि कै, फूलति है दिन चारी॥
हम बालक तुमकौं कह सिखवैं, हम तुमहीं तैं जात।
सूर हृदय धीरज अब धारौ, काहे कौं बिलखात॥

॥ 152 ॥

यह सुनि गिरी धरनि झुकि माता।
कहा अक्रूर ठगौरी लाई, लिये जात दोउ भ्राता॥
बिरध समय की हरत लकुटिया, पाप पुन्य डर नाहीं।
कछू नफा है तुमकौं यामैं, सोचौ धौं मन माहीं॥
नाम सुनत अक्रूर तुम्हारौ, क्रूर भए हौ आइ।
सूर नंद घरनी अति ब्याकुल, ऐसैंहि रैनि बिहाइ॥

॥ 153 ॥

गोपालहिं राखहु मधुबन जात।
लाज किए कछु काज न सरिहै, पल बीतें जुगसात॥
सुफलक सुत के संग न दीजियै, सुनौ हमारी बात।
गोकुल की सोभा सब जैहै, बिछुरत नंद के तात॥
रथ आरूढ़ होत बल केसव, ह्वै आयौ परभात।
सूरदास कछु बोल न आयौ, प्रेम पुलक सब गात॥

॥ 154 ॥

मोहन नैंकु बदन तन हेरौ।
राखौं मोहिं नात जननी कौ, मदनगुपाल लाल मुख फेरौ॥
पाछैं चढ़ौं बिमान मनोहर, बहुरौ ब्रज मैं होत अंधेरौ।
बिछुरन भेंट देहु ठाढ़े ह्वै, निरखौ घोष जनम कौ खेरौ॥
समदौ सखा स्याम यह कहि कहि अपने गाह ग्वाल सब घेरौ।
गए न प्रान सूर ता अवसर, नंद जतन करि रहे घनेरौ॥

॥ 155 ॥

जबहीं रथ अक्रूर चढ़े।
तब रसना हरि नाम भाषि कै, लोचन नीर बढ़े॥
महरि, पुत्र कहि सोर लगायौ, तरु ज्यौं धरनि लुटाइ।
देखतिं नारि चित्र सी ठाढ़ीं, चितये कुँवर कन्हाइ॥
इतनैं हि मैं सुख दियौ सबनि कौं, दीन्ही अवधि बताई।
तनक हँसे, हरि मन जुवतिन कौ, निठुर ठगौरी लाइ॥
बोलति नहीं रहीं सब ठाढ़ी, स्याम ठगीं ब्रजनारि।
सूर तुरत मधुबन पग धारे, धरनी के हितकारि॥

॥ 156 ॥

रहीं जहाँ सो तहाँ सब ठाढ़ीं।
हरि के चलत देखियत ऐसी, मनहुँ चित्र लिखि काढ़ी॥
सूखे बदन, स्रवति नैननि तैं जलधारा उर बाढ़ी।
कंधनि बाँह धरे चितवतिं मनु, द्रुमनि बेलि दव दाढ़ी॥
नीरस करि छाँड़ी सुफलक सुत, जैसें दूध बिनु साढ़ी।
सूरदास अक्रूर कृपा तैं, सहि बिपति तन गाढ़ी॥

॥ 157 ॥

बिछुरत श्री ब्रजराज आजु, इन नैननि की परतीति गई।
उड़ि न गए हरि संग तबहि तैं, ह्वै न गए सखि स्याममई॥

रूप रसिक लालची कहावत, सो करनी कछुवै न भई।
साँचे क्रूर कुटिल ये लोचन, वृथा मीन छबि छीन लई॥
अब काहैं जल मोचत, सोचत, समौ गए तैं सूल नई।
सूरदास याही तैं जड़ भए, पलकनिहूँ हठि दगा दई॥

॥ 158 ॥

कहा हौं ऐसै ही मरि जैहौं।
इहिं आँगन गोपाल लाल कौ, कबहुँ कि कनिया लैहौं॥
कब वह मुख बहुरौ देखौंगी, कह वैसो सचु पैहौं।
कब मोपै माखन माँगैंगे, कब रोटी धरि देहौं॥
मिलन आस तन प्रान रहत हैं, दिन दस मारग ज्वै हौं।
जौ न सूर आइहैं इते पर, जाइ जमुन धँसि लेहौं॥

॥ 159 ॥

मथुरा हरषित आजु भई।
ज्यौ जुवती पति आवत सुनि कै पुलकित अंग मई॥
नवसत साजि सिंगार सुंदरी, आतुर पंथ निहारति।
उड़ति धुजा तनु सुरति बिसारे, अंचल नहीं सँभारति॥
उरज प्रगट महलनि पर कलसा, लसति पास बन सारी।
ऊँचे अटनि छाज की सोभा, सीस उचाइ निहारी॥
जालरंध्र इकटक मग जोवति, किंकिनि कंचन दुर्ग।
बेनी लसति कहाँ छबि ऐसी, महलनि चित्रे उर्ग॥
बाजत नगर बाजने जहँ तहँ, और बजत घरियार।
सूर स्याम बनिता ज्यौं चंचल, पग नूपुर झनकार॥

॥ 160 ॥

ढोटा नंद कौ यह री।
नाहिं जानति बसत ब्रज मैं, प्रगट गोकुल री॥
धर्‍यौ गिरिवर बाम कर जिहिं, सोइ है यह री।

दैत्य सब इनहीं संहारे, आपु भुज बल री॥
ब्रज धरनि जो करत चोरी, खात माखन री।
नंद घरनी जाहिं बांध्यौ, अजिर ऊखल री॥
सुरभि ठान लिये बन तैं आवत सबहि गुन इन री
सूर प्रभु ये सबहि लायक, कंस डरै जिन री॥

॥ 161 ॥

प्रभु तुमकौं मैं चंदन ल्याई।
गह्यौ स्याम कर अपने सौं, लिए सदन कौं आई॥
धूप दीप नैवेद साजि कै, मंगल करे बिचारि।
चरन पखारि लियौ चरनोदक, धनि धनि कहि दैतारि॥
मेरी जनम कल्पना ऐसी, चंदन परसौं अंग।
सूर स्याम जन के सुखदायक, बँधे भाव रजु रंग॥

॥ 162 ॥

उग्रसेन कौं दियौ हरि राज।
आनंद मगन सकल पुरवासी, चँवर डुलावत श्री ब्रजराज॥
जहाँ तहाँ तैं जादव आए, कंस डरनि जे गए पराइ।
मागध सूत करत सब अस्तुति, जै जै जै श्री जादवराइ॥
जुग जुग बिरद यहै चलि आयौ, भए बलि के द्वारैं प्रतिहार।
सूरदास प्रभु अज अबिनासी, भक्तनि हेत लेत अवतार॥

॥ 163 ॥

तब बसुदेव हरषित गात।
स्याम रामहिं कंठ लाए, हरषि देवै मात॥
अमर दिवि दुंदुभी दीन्ही, भयौ जैजैकार।
दुष्ट दलि सुख दियौ संतनि, ये बसुदेव कुमार॥
दुख गयौ बहि हर्ष पूरन, नगर के नर नारि।
भयौ पूरब फल संपूरन, लह्यौ सुत दैत्यारि॥

तुरत विप्रनि बोलि पठये, धेनु कोटि मँगाइ।
सूर के प्रभु ब्रह्मपूरन, पाई हरषे राइ॥

॥ 164 ॥

मथुरा दिनदिन अधिक बिराजै।
तेज, प्रताप राइ कैसौ कैं, तीनि लोक पर गाजै॥
पग पग तीरथ कोटिक राजैं, मधिविश्रांत बिराजै।
करि अस्नान प्रात जमुना कौ, जनम मरन भय भाजै॥
बिट्ठल बिपुल बिनोद बिहारन, ब्रज कौ बसिबौ छाजै।
सूरदास सेवक उनहीं कौ, कृपा सु गिरिधर राजै॥

॥ 165 ॥

कुबरी पूरब तप करि राख्यौ।
आए स्याम भवन ताही कैं, नृपति महल सब नाख्यौ॥
प्रथमहिं धनुष तोरि आवत हे, बीच मिली यह धाई।
तिहिं अनुराग बस्य भए ताकै, सो हित कह्यौ न जाइ॥
देव काज करि आवन कहि गए, दीन्हौ रूप अपार।
कृपा दृष्टि चितवतहीं श्री भइ, निगम न पावत पार॥
हम तैं दूरि दीन के पाछैं, ऐसे दीनदयाल।
सूर सुरनि करि काज तुरतहीं, आवत तहाँ गोपाल॥

॥ 166 ॥

नंद बिदा होइ घोष सिधारौ।
बिछुरन मिलन रच्यौ बिधि ऐसौ, यह संकोच निवारौ॥
कहियौ जाइ जसोदा आगैं, नैंन नीर जनि ढारौ।
सेवा करी जानि सुत अपनौ, कियौ प्रतिपाल हमारौ॥
हमैं तुम्हैं अंतर कछु नाहीं, तुम जिय ज्ञान बिचारौ।
सूरदास प्रभु यह बिनती है, उर जनि प्रीति बिसारौ॥

॥ 167 ॥

(मेरे) मोहन तुमहिं बिना नहिं जैहौं।
महरि दौरि आगे जब ऐहै, कहा ताहि मैं कैहौं॥
माखन मथि राख्यौ ह्वै है, तुम हेत, चलौ मेरे बारे।
निठुर भए मधुपुरी आइ कै काहैं असुरनि मारे॥
सुख पायौ बसुदेव देवकी, अरु सुख सुरनि दियौ।
यहै कहत नंद गोप सखा सब, बिदरन चहत हियौ॥
तब माया जड़ता उपजाई, निठुर भए जदुराई।
सूर नंद परमोधि पठाए, निठुर ठगौरी लाइ॥

॥ 168 ॥

उठे कहि माधौ इतनी बात।
जिते मान सेवा तुम कीन्ही, बदलौ दयौ न जात॥
पुत्र हेत प्रतिपार कियौ तुम, जैसे जननी तात।
गोकुल बसत हँसत खेलत मोहिं, द्यौस न जान्यौ जात॥
होहु बिदा घर जाहु गुसाईं, माने रहियौ नात।
ठाढौ थक्यौ उतर नहिं आवै, लोचन जल न समात॥
भए बल हीन खीन तन कंपित, ज्यौं बयारि बस पात।
धकधकात हिय बहुत सूर उठि, चले नंद पछितात॥

॥ 169 ॥

उलटि पग कैसें दीन्हौ नंद।
छाँड़े कहाँ उभै सुत मोहन, धिक जीवन मतिमंद।
कै तुम धन जोबन मद माते, कै तुम छूटे बंद।
सुफलक सुत बैरी भयौ हमकौं, लै गयौ आनंदकंद॥
राम कृष्न बिनु कैसें जीजै, कठिन प्रीति कैं फंद।
सूरदास मैं भई अभागिन, तुम बिनु गोकुलचंद॥

॥ 170 ॥

जसुदा कान्ह कान्ह कै बूझै।
फूटि न गई तुम्हारी चारौ, कैसे मारग सूझै॥
इक तौ जरी जात बिनु देखैं, अब तुम दीन्हौं फूँकि।
यह छतिया मेरे कान्ह कुँवर बिनु, फटि न भई द्वै टूक॥
धिक तुम धिक ये चरन अहौ पति, अध बोलत उठि धाए।
सूर स्याम बिछुरन की हम पै, दैन बधाई आए॥

॥ 171 ॥

कहाँ रह्यौ मेरौ मन मोहन।
वह मूरति जिय तैं नहिं बिसरति, अंग अंग सब सोहन॥
कान्ह बिना गौवें सब व्याकुल, को ल्यावै भरि दोहन।
माखन खात खवावत ग्वालनि, सखा लिए सब मोहन॥
जब वै लीला सुरति करति हौं, चित चाहत उठि जोहन।
सूरदास प्रभु के बिछुरे तै, मरियत है अति छोहन॥

॥ 172 ॥

कहौ नंद कहाँ छाँड़े कुमार।
कैसैं प्रान रहे सुत बिछुरत, पूछत हैं गोपी अरु ग्वार॥
करुना करै जसोदा माता, नैननि नीर बहै असरार।
चितवत नंद ठगे से ठाढ़े, मानौ हारयौ हेम जुआर॥
मुरली धुनि नहिं सुनियत, ब्रज मैं, सुर नर मुनि नहिं करत कवार।
सूरदास प्रभु के बिछुरे तैं, कोउ न झाँकन आवत द्वार॥

॥ 173 ॥

इक दिन नंद चलाई बात।
कहत सुनत गुन राम कृष्न कै ह्वै आयौ परभात॥
वैसैंहि भोर भयौ जसुमति कौ, लोचन जल न समात।

सुमिरि सनेह बिहरि उर अंतर, ढरि आवत ढरि जात॥
जद्यपि वै बसुदेव देवकी, हैं निज जननी तात।
बार एक मिलि जाहु सूर प्रभु धाई हू कैं नात॥

॥ 174 ॥

सराहौं तेरौ नंद हियौ।
मोहन सौं सुत छाँड़ि मधुपुरी, गोकुल आनि जियौ॥
कहा कह्यौ मेरे लाल लड़ैतें, जब तू बिदा कियौ।
जीवन प्रान हमारे ब्रज की, बसुद्यौ छीनि लियौ॥
कह्यौ पुकार पारि पचिहारी, बरजत गवन कियौ।
सूरदास प्रभु स्यामलाल धन, लै पर हाथ दियौ॥

॥ 175 ॥

जद्यपि मन समुझावत लोग।
सूल होत नवनीत देखि मेरे, मोहन के मुख जोग॥
निसि बासर छतिया लै लाऊँ, बालक लीला गाऊँ।
वैसे भाग बहुरि कब ह्वै हैं, मोहन मोद खवाऊँ॥
जा कारन मुनि ध्यान धरैं, सिव अंग बिभूति लगावैं।
सो बालक लीला धरि गोकुल, ऊखल साथ बँधावै॥
बिदरत नहीं ब्रज कौ हिरदै, हरि बियोग क्यौं सहिए।
सूरदास प्रभु कमल नयन बिनु, कौनै बिधि ब्रज रहिए॥

॥ 176 ॥

नंद ब्रज लीजै ठोंकि बजाइ।
देहु बिदा मिलि जाहिं मधुपुरी, जहँ गोकुल के राइ॥
नैननि पंथ कहौ क्यौं सूझ्यौ, उलटि दियौ जब पाइं।
रघुपति दसरथ कथा सुनी ही, बरु मरते गुन गाइ॥
भूमि मसान बिदित यह गोकुल, मनहु धाइ कै खाइ।
सूरदास प्रभु पास जाहिं हम, देखहिं रूप अघाइ॥

॥ 177 ॥

संदेसौ देवकी सौं कहियौ।
हौं तौ धाइ तिहारे सुत की, मया करत ही रहियौ॥
जदपि टेव तुम जानतिं उनकी, तऊ मोहिं कहि आवै।
प्रात होत मेरे लाल लड़ैतें, माखन रोटी भावै॥
तेल उबटनौ अरु तातौ जल, ताहि देखि भजि जाते।
जोइ जोइ मांगत सोइ सोइ देती, क्रम करि कै न्हाते॥
सूर पथिक सुनि मोहिं रैनि दिन, बढ़यौ रहत उर सोच।
मेरौ अलक लड़ैतौ मोहन, स्वैहै करत संकोच॥

॥ 178 ॥

मेरे कान्ह कमल दल लोचन।
अबकी बेर बहुरि फिरि आवहु, कहा लगे जिय सोचन॥
यह लालसा होति मेरैं जिय, बैठी देखत रैहौं।
गाइ चरावन कान्ह कुँवर सौं, बहुरि न कबहूँ कैहौ॥
करत अन्याव न बरजौं कबहूँ, अरु माखन की चोरी।
अपने जियत नैन भरि देखौं, हरि हलधर की जोरी॥
दिवस चारि मिलि जाहु साँवरे, कहियौ यहै सँदेसौ।
अब की बेर आनि सुख दीजै, सूर मिटाइ अँदेसौ॥

# गोपी विरह

॥ 179 ॥

चलत गुपाल के सब चले।
यह प्रीतम सौं प्रीति निरंतर, रहे न अर्ध पले॥
धीरज पहिल करी चलिबें की, जैसी करत भले।
धीर चलत मेरे नैननि देखे, तिहिं छिन आँसु हले॥
आँसु चलत मेरी बलयनि देखे, भए अँग सिथिले।
मन चलि रह्यौ हुतौ पहिलैं ही, चले सबै बिमले॥
एक न चलै प्रान सूरज प्रभु, असलेहु साल सले॥

॥ 180 ॥

बातनि सब कोउ जिय समुझावै।
जिहिं बिधि मिलनि मिलैं वै माधौ, सो बिधि कोउ न बतावै॥
जद्यपि जतन अनेक सोचि पचि, त्रिया मनहिं बिरमावै।
तद्यपि हठी हमारे नैना, और न देख्यौ भावैं॥
वासर निसा प्रान बल्लभ तजि, रसना और न गावै।
सूरदास प्रभु प्रेमहिं लगि कै, कहिए जो कहि आवै॥

॥ 181 ॥

करि गए थोरे दिन की प्रीति।
कहँ वह प्रीति कहाँ यह बिछुरनि, कहँ मधुबन की रीति॥
अब की बेर मिलौ मनमोहन, बहुत भई बिपरीति।
कैसें प्रान रहत दरसन बिनु, मनहु गए जुग बीति॥

कृपा करहु गिरिधर हम ऊपर, प्रेम रह्यौ तन जीति।
सूरदास प्रभु तुम्हरे मिलन बिनु, भई भुस पर की भीति ॥

॥ 182 ॥

प्रीति करि दीन्ही गरैं छुरी।
जैसैं बधिक चुगाइ कपट कन, पाछैं करत बुरी ॥
मुरली मधुर चेप काँपा करि, मोर चंद्र फँदवारि।
बंक बिलोकनि लगी, लोभ बस, सकी न पंख पसारि ॥
तरफत छाँड़ि गए मधुबन कौं, बहुरि न कीन्ही सार।
सूरदास प्रभु संग कल्पतरु, उलटि न बैठी डार ॥

॥ 183 ॥

ऐसे हम नहिं जाने स्यामहिं।
सेवा करत करी उनि ऐसी, गईं जाति कुल नामहिं ॥
तन मन प्रीति लाइ जो तोरै, कौन भलाई तामहिं।
वै कह जानैं पीर पराई, लुब्ध आपने कामहिं ॥
नगर नारि रति के रति नागर, रते कूबिजा बामहिं।
अंतहुँ सूर सोइ पै प्रगटै, होइ प्रकृति जो जामहिं ॥

॥ 184 ॥

देखियति कालिंदी अति कारी।
अहो पथिक कहियौ उन हरि सौं, भई बिरह जुर जारी ॥
गिरि प्रजंक तैं गिरति धरनि धँसि, तरंग तरफ तन भारी।
तट बारू उपचार चूर, जल पूर प्रस्वेद पनारी ॥
बिगलित कच कुस काँस कूल पर पंक जु काजल सारी।
भौंर भ्रमत अति फिरति भ्रमित गति, दिसि दिसि दीन दुखारी।
निसि दिन चकई पिय जु रटति है, भई मनौ अनुहारी।
सूरदास प्रभु जो जमुना गति, सो गति भई हमारी ॥

॥ 185 ॥

सुनियत मुरली देखि लजात।
दूरिहिं तैं सिंहासन बैठे, सीस नाइ मुसकात॥
मोर पच्छ कौ ब्यजन बिलोकत, बहरावत कहि बात।
जौ कहुँ सुनत हमारी चरचा, चालत हीं चपि जात॥
सुरभी लिखत चित्र की रेखा, सोचैं हू सकुचात।
सूरदास जो ब्रजहिं बिसार्‌यौं, दूध दही कत खात॥

॥ 186 ॥

अब वै बातैं उलटि गईं॥
जिन बातनि लागत सुख आली, तेऊ दुसह भई॥
रजनी स्याम स्याम सुंदर संग अरु पावस की गरजनि।
सुख समूह की अवधि माधुरी, पिय रस बस की तरजनि॥
मोर पुकार गुहार कोकिला, अलि गुंजार सुहाई।
अब लागति पुकार दादुर सम, बिनही कुँवर कन्हाई॥
चंदन चंद समीर अगिन सम, तनहिं देव दव लाई।
कालिंदी अरु कमल कुसुम सब दरसन ही दुखदाई॥
सरद बसंत सिसिर अरु ग्रीषम, हिम रितु की अधिकाई।
पावस जरैं सूर के प्रभु बिनु, तरफत रैनि बिदाई॥

॥ 187 ॥

अब हौं कहा करौं री माई।
नंदनंदन देखैं बिनु सजनी, पल भरि रह्यौ न जाई॥
घर के मात पिता सब त्रासत, इहिं कुल लाज लजाई।
बाहर के सब लोग हँसत हैं, कान्ह सनेहिनि आई॥
सदा रहत चित चाक चढ़्यौ सो, गृह अँगना न सुहाई।
सूरदास गिरिधरन लाड़िले, हँसि करि कंठ लगाई॥

॥ 188 ॥

मिलि बिछुरन की बेदन न्यारी।
जाहि लगै सोई पै जानै, बिरह पीर अति भारी॥
जब यह रचना रची बिधाता, तबहीं क्यौं न सँभारी।
सूरदास प्रभु काहे जिवाई, जनमत ही किन मारी॥

॥ 189 ॥

मधुबन तुम क्यौं रहत हरे।
बिरह बियोग स्याम सुंदर के ठाढ़े क्यौं न जरे॥
मोहन बेनु बजावत तुम तर, साखा टेकि खरे।
मोहे थावर अरु जड़ जंगम, मुनि जन ध्यान टरे॥
वह चितवनि तू मन न धरत है, फिरि फिरि पुहुप धरे।
सूरदास प्रभु बिरह दवानल, नख सिख लौं न जरे॥

॥ 190 ॥

स्याम सिधारे कौनैं देस।
तिनकौ कठिन करेजौ सखि री, जिनकौ पिय परदेस॥
उन माधौ कछु भली न कीन्हीं, कौन तजन कौ वैस।
छिन भरि प्रान रहत नहिं उन बिनु, निसि दिन अधिक अंदेस॥
अतिहिं निठुर पतियाँ नहिं पठाईं, काहू हाथ सँदेस।
सूरदास प्रभु यह उपजत है, धरिए जोगिनि बेस॥

॥ 191 ॥

फिरि ब्रज बसौ गोकुलनाथ।
अब न तुमहिं जगाइ पठव, गोधननि के साथ॥
बरजैं न माखन खात कबहूँ, दह्यौ देत लुठाइ।
अब न देहिं उराहनौ, नंद घरनि आगैं जाइ॥
दौरि दावरि देहिं, नहिं, लकुटी जसोदा पानि।

चोरी न देहिं उघारि कै, औगुन न कहिहैं आनि ॥
कहिहैं न चरननि देन जावक, गुहन बेनी फूल।
कहिहैं न करन सिंगार कबहूँ, बसन जमुना कूल ॥
करिहैं न कबहूँ मान हम, हठिहैं न मांगत दान।
कहिहैं न मृदु मुरली बजावन, करन तुमसौं गान ॥
देहु दरसन नंद नंदन, मिलन की जिय आस।
सूर हरि के रूप कारन, मरत लोचन प्यास ॥

॥ 192 ॥

बारक जाइयौ मिलि माधौ।
को जानै तन छूटि जाइगौ, सूल रहै जिय साधौ ॥
पहुनैंहु नंद बबा के आवहु, देखि लेउँ पल आधौ।
मिलैंही मैं बिपरीत करी बिधि, होत दरस कौ बाधौ ॥
सो सुख सिव सनकादि न पावत, जो सुख गोपिनि लाधौ।
सूरदास राधा बिलपति है, हरि कौ रूप अगाधौ ॥

॥ 193 ॥

सखी इन नैननि तैं घन हारे।
बिनहीं रितु बरषत निसि बासर, सदा मलिन दोउ तारे ॥
ऊरध स्वास समीर तेज अति, सुख अनेक द्रुम डारे।
बदन सदन करि बसे बचन खग, दुख पावस के मारे ॥
दुरि दुरि बूंद परत कंचुकि पर, मिलि अंजन सौं कारे।
मानौ परनकुटी सिव कीन्ही, बिधि मूरति धरि न्यारे ॥
घुमरि घुमरि बरषत जल छाँड़त, डर लागत अँधियारे।
बूड़त ब्रजहिं सूर को राखै, बिनु गिरिवरधर प्यारे ॥

॥ 194 ॥

हरि दरसन कौ तरसतिं अँखियाँ।
झाँकतिं झखतिं झरोखा बैठी, कर मीड़तिं ज्यौं मखियाँ ॥

बिछुरौं बदन सुधानिधि रस तैं, लगतिं नहीं पल पँखियाँ।
इकटक चितवतिं उड़ि न सकतिं जनु, थकित भईं लखि सखियाँ॥
बार बार सिर धुनतिं बिसूरतिं, बिरह ग्राह जनु भखियाँ।
सूर सुरूप मिले तैं जीवहिं, काट किनारे नखियाँ॥

॥ 195 ॥

(मेरे) नैना बिरह की बेलि बई।
सींचत नैन नीर के सजनी, मूल पताल गई॥
बिगसित लता सुभाइ आपनैं, छाया सघन भई।
अब कैसें निरवारौं सजनी सब तन पसरि छई॥
को जानै काहू के जिय की, छिन छिन होत नई।
सूरदास स्वामी के बिछुरैं, लागी प्रेम जई॥

॥ 196 ॥

लिखि नहिं पठवत हैं द्वै बोल।
द्वै कौड़ी के कागज मसि कौ, लागत है बहु मोल?
हम इहि पार, स्याम पैले तट, बीच बिरह कौ जोर।
सूरदास प्रभु हमरे मिलन कौं, हिरदै कियौ कठोर॥

॥ 197 ॥

सुपनैं हरि आए हौं किलकी।
नींद जु सौति भई रिपु हमकौं, सहि न सकी रति तिल की॥
जौ जागौं तौ कोउ नाहीं, रोके रहति न हिलकी।
तन फिरि जरनि भई नख सिख तैं, दिया बाति जनु मिलकी॥
पहिली दसा पलटि लीन्ही है, त्वचा तचकि तनु पिलकी।
अब कैसें सहि जाति हमारी, भई सूर गति सिल की॥

॥ 198 ॥

पिय बिनु नागिनि कारी रात।
जौ कहुँ जामिनि उबति जुन्हैया, डसि उलटी ह्वै जात॥
जंत्र न फुरत मंत्र नहिं लागत, प्रीति सिरानी जात।
सूर स्याम बिनु बिकल बिरहिनी, मुरि मुरि लहरैं खात॥

॥ 199 ॥

प्रीति करि काहू सुख न लह्यौ।
प्रीति पतंग करी पावक सौं, आपै प्रान दह्यौ॥
अलि सुत प्रीति करी जल सुत सौं, संपुट माँझ गह्यौ।
सारंग प्रीति करी जु नाद सौं, सन्मुख बान सह्यौ॥
हम जौ प्रीति करी माधव सौं, चलत न कछू कह्यौ।
सूरदास प्रभु बिनु दुख पावत, नैननि नीर बह्यौ॥

॥ 200 ॥

ब्रज मैं दोउ बिधि हानि भई।
इक हरि गए कलपतरु, दूजे उपजी बिरह जई॥
जैसैं हाटक लै रसाइनी, पारहिं आगि दई।
जब मन लग्यौ दृष्टि तब बोल्यौ, सीसी फूटि गई॥
जैसें बिनु मल्लाह सुंदरी, एक नाउ चढ़ई।
बूड़त देह थाह नहि चितवत, मिलनहु पति न दई॥
लरि मरि झगरि भूमि कछु पाई, जस अपजस बितई।
अब लै सूर कहति है उपजी, सब ककरी करुई॥

॥ 201 ॥

सँदेसनि मधुबन कूप भरे।
अपने तौ पठवत नहिं मोहन, हमरे फिरि न फिरे॥
जिते पथिक पठए मधुबन कौं, बहुरि न सोध करे।

कै वै स्याम सिखाई प्रमोधे, कै कहुँ बीच मरे॥
कागद गरे मेघ, मसि खूटी, सर दव लागि जरे।
सेवक सूर लिखन कौ आंधौ, पलक कपाट अरे॥

॥ 202 ॥

बरु ए बदरौ बरषन आए।
अपनी अवधि जानि नंदनंदन, गरजि गगन घन छाए॥
कहियत हैं सुरलोक बसत सखि, सेवक सदा पराए।
चातक पिक की पीर जानि कै, तेउ तहाँ तैं धाए॥
द्रुम किए हरित हरषि बेली मिलौं, दादुर मृतक जिवाए।
साजे निबिड़ नीड़ तृन सँचि सँचि, पंछिनहूँ मन भाए॥
समुझितिं नहीं चूक सखि अपनी, बहुतै दिन हरि लाए।
सूरदास प्रभु रसिक सिरोमनि, मधुबन बसि बिसराए॥

॥ 203 ॥

किधौं घन गरजत नहिं उन देसनि।
किधौं हरि हरषि इंद्र हठि बरजे, दादुर खाए सेषनि॥
किधौं उहिं देस बगनि मग छाँड़े, घरनि न बूँद प्रवेसनि।
चातक मोर कोकिला उहिं बन, बधिकनि बधे बिसेघनि॥
किधौं उहिं देस बाल नहिं झूलतिं गावतिं सखि न सुदेसनि।
सूरदास प्रभु पथिक न चलहीं, कासौं कहौं सँदेसनि॥

॥ 204 ॥

बिछुरै री मेरे बाल सँघाती।
निकसि न जात प्रान ये पापी, फाटति नाहिंन छाती॥
हौं अपराधिनि दही मथति ही, भरी जोबन मदमाती।
जो हौं जानति हरि कौ चलिबौ, लाज छाँड़ि संग जाती॥
ढरकत नीर नैन भरि सुंदरि, कछु न सोह दिन राती।
सूरदास प्रभु दरसन कारन, सखियनि मिलि लिखी पाती॥

॥ 205 ॥

एक द्यौस कुंजनि मैं भाई।
नाना कुसुम लेइ अपने कर, दिए मोहिं सो सुरति न जाई॥
इतने मैं घन गरजि वृष्टि करी, तनु भीज्यौ मो भई जुड़ाई।
कंपत देखि उढ़ाइ पीत पट, लै करुनामय कंठ लगाई॥
कहँ वह प्रीति रीति मोहन की, कहँ अब धौं एती निठुराई।
अब बलबीर सूर प्रभु सखि री, मधुबन बसि सब रति बिसराई॥

# उद्धव का ब्रज आगमन

॥ 206 ॥

जदुपति जानि उद्धव रीति।
जिहिं प्रगट निज सखा कहियत, करत भाव अनीति॥
बिरह दुख जहँ नाहिं नैकहुं, तहँ न उपजै प्रेम।
रेख, रूप न बरन जाके, इहिं धरयौ वह नेम॥
त्रिगुन तन करि लखत हमकौं, ब्रह्म मानत और।
बिना गुन क्यौं पुहुमि उधरै, यह करत मन डौर॥
बिरस रस किहिं मंत्र कहिऐ, क्यौं चलै संसार।
कछु कहत यह एक प्रगटत, अति भरयौ अहंकार॥
प्रेम भजन न नैकु याकैं जाइ क्यौं समुझाइ।
सूर प्रभु मन यहै आनी, ब्रजहिं देउँ पठाइ॥

॥ 207 ॥

संग मिलि कहौं कासौं बात।
यह तौ कहत जोग की बातैं, जामैं रस जरि जात॥
कहत कहा पितु मातु कौन के, पुरुष नारि कह नात।
कहाँ जसोदा सी है मैया, कहाँ नंद सम तात॥
कहं वृषभानु सुता संग कौ सुख, वह बासर वह प्रात।
सखी सखा सुख नहिं त्रिभुवन मैं, नहिं बैकुंठ सुहात॥
वै बातैं कहिऐ किहिं आगैं, यह गुनि हरि पछितात।
सूरदास प्रभु ब्रज महिमा कहि, लिखी बदत बल भ्रात॥

॥ 208 ॥

कहाँ सुख ब्रज कौसौ संसार।
कहाँ सुखद बंसी बट जमुना, यह मन सदा बिचार॥
कहँबन धाम कहाँ राधा संग, कहाँ संग ब्रज बाम।
कहँ रस रास बीच अंतर सुख, कहाँ नारि तन ताम॥
कहाँ लता तरु तरु प्रति बूझनि, कुंज कुंज नव धाम।
कहाँ बिरह सुख बिन गोपिन संग, सूर स्याम मन काम॥

॥ 209 ॥

तबहिं उपँग सुत आइ गए।
सखा सखा कछु अंतर नाहीं, भरि भरि अंक लए॥
अति सुंदर तन स्याम सरीखो, देखत हरि पछिताने।
ऐसे कैं वैसी बुधि होती, ब्रज पठऊँ मन आने॥
या आगैं रस कथा प्रकासौं, जोग कथा प्रगटाऊँ।
सूर ज्ञान याकौ दृढ़ करिकै, जुवतिन्ह पास पठाऊँ॥

॥ 210 ॥

हरि गोकुल की प्रीति चलाई।
सुनहु उपँग सुत मोहिं न बिसरत, ब्रज बासी सुखदाई॥
यह चित होत जाऊँ मैं अबहीं, इहाँ नहीं मन लागत।
गोपी ग्वाल गाइ बन चारन, अति दुख पायौ त्यागत॥
कहँ माखन रोटी, कहँ जसुमति, जेंवहु कहि कहि प्रेम।
सूर स्याम के बचन हँसत सुनि, थापत अपनौ नेम॥

॥ 211 ॥

सखा सुनि एक मेरी बात।
वह लता गृह गोपिन, सुधि करत पछितात॥
बिधि लिखी नहिं टरत क्यौं हूँ, यह कहत अकुलात।

हँसि उपँग सुत बचन बोले, कहा हरि पछितात ॥
सदा हित यह रहत नाहीं, सकल मिथ्या जात।
सूर प्रभु यह सुनौ मोसौं, एक ही सौं नात ॥

॥ 212 ॥

जब ऊधौ यह बात कही।
तब जदुपति अति ही सुख पायौ, मानी प्रगट सही ॥
श्री मुख कह्यौ जाहु तुम ब्रज कौं, मिलहु जाइ ब्रज लोग।
मो बिन, बिरह भरीं ब्रज बाला, जाइ सुनावहु जोग ॥
प्रेम मिटाइ ज्ञान परबोधहु, तुम हौ पूरन ज्ञानी।
सूर उपंग सुत मन हरषानै, यह महिमा इन जानी ॥

॥ 213 ॥

ऊधौ तुम यह निहचै जानौ।
मन, बच, क्रम मैं तुमहिं पठावत, ब्रज कौं तुरत पलानौ ॥
पूरन ब्रह्म अकल अविनासी, ताके तुम हौ ज्ञाता।
रेख न रूप जाति कुल नाहीं, जाके नहिं पितु माता ॥
यह मत दै गोपिनि कौं आवहु, बिरह नदी मैं भासत।
सूर तुरत तुम जाइ कहौ यह, ब्रह्म बिना नहिं आसत ॥

॥ 214 ॥

तुम पठवत गोकुल कौं जैहौं।
जौ मानिहैं ब्रह्म की बातैं, तौ उनसौं मैं कैहौं ॥
गदगद बचन कहत मन प्रफुलित, बार बार समुझैहौं।
आजु नहीं जो करौं काज तुव कौन काज पुनि लैहौं ॥
यह मिथ्या संसार सदाई, यह कहिकै उठि ऐहौं।
सूर दिना द्वै ब्रज जन सुख दै, आइ चरन पुनि गैहौं ॥

॥ 215 ॥

स्याम कर पत्री लिखी बनाइ।
नंद बाबा सौं बिनै, कर जोरि सजुदा माइ॥
गोप ग्वाल सखानि कौंहिलि मिलन कंठ लगाइ।
और ब्रज नर नारि जे हैं, तिनहिं प्रीति जनाइ॥
गोपिकनि लिखि जोग पठयो, भाव जानि न जाइ।
सूर प्रभु मन और यह कहि, प्रेम लेत दिढ़ाइ॥

॥ 216 ॥

ऊधौ इतनी कहियौ जाइ।
हम आवैंगे दोऊ भैया, मैंया जनि अकुलाइ॥
याकौ बिलग बहुत हम मान्यौ, जो कहि पठ्यौ धाई।
वह गुन हमकौं कहा बिसरि है, बड़े किए पय प्याइ॥
अरु जब मिल्यौ नंद बाबा सौं, तब कहियौ समुझाइ।
तौ लौं दुखी होन नहिं पावैं, धौरी धूमरि गाइ॥
जद्यपि इहाँ अनेक भाँति सुख, तदपि रह्यौ नहिं जाइ।
सूरदास देखौं ब्रजबासिनि, तबहिं हियौ सिराइ॥

॥ 217 ॥

है कोउ वैसी ही अनुहारि।
मधुबन तन तैं आवत सखि री, देखौ नैन निहारि॥
वैसोइ मुकुट मनोहर कुंडल, पीत बसन रुचिकारि।
वैसहिं बात कहत सारथि सौं, ब्रज तन बाँह पसारि॥
केतिक बीच कियौ हरि अंतर, मनु बीते जुग चारि।
सूर सकल आतुर अकुलानी, जैसैं मीन बिनु बारि॥

॥ 218 ॥

निरखत ऊधौ कौं सुख पायौ।
सुंदर सुलज सुबंस देखियत, यातैं स्याम पठायौ॥

नीकैं हरि संदेस कहैगो, स्रवन सुनत सुख पैहै।
यह जानति हरि तुरत आइहैं, यह कहि हृदै सिरैहै॥
घेरि लिए रथ पास चहूँघा, नंद गोप ब्रजनारी।
महर लिवाइ गए निज मंदिर, हरषित लियौ उतारी॥
अरघ देत भीतर तिहिं लीन्हौं, धनि धनि दिन कहि आज।
धनि धनि सूर उपँग सुत आए, मुदित कहत ब्रजराज॥

॥ 219 ॥

कबहुँ सुधि करत गुपाल हमारी।
पूछत पिता नंद ऊधौ सौं, अरु जसुदा महतारी॥
बहुतै चूक परी अनजानत, कहा अबकैं पछिताने।
बसुदेव घर भीतर आए, मैं अहीर करि जाने॥
पहिलैं गर्ग कह्यौ हुतौ हमसौं, संग दुख गयौ भूल।
सूरदास स्वामी के बिछुरैं, रात दिवस भयौ सूल॥

॥ 220 ॥

कह्यौ कान्ह सुनि जसुदा मैया।
आवहिंगे दिन चारि पाँच मैं, हम हलधर दोउ भैया॥
मुरली बैंत बिषान हमारौं, कहूँ अबेर सबेरौ।
मति लै लाइ चुराइ राधिका, कछुव खिलौना मेरौ॥
जा दिन तैं हम तुम सौं बिछुरे, काहु न कह्यौ कन्हैया।
प्रात न कियौ कलेऊ कबूँ, साँझ न पय पियौ धैया॥
कहा कहौं कछु कहत न आवै, जननी जो दुख पायौ।
अब हमसौं बसुदेव देवकी, कहत आपनौ जायौ॥
कहिए कहा नंद बाबा सौं, बहुत निठुर मन कीन्हौ।
सूर हमहिं पहुँचाइ मधुपुरी, बहुरि न सोधौ लीन्हौ॥

॥ 221 ॥

पाती मधुबन ही तैं आई।
सुंदर स्याम आपु लिखि पठई, आई सुनौ रो माई॥

अपने अपने गृह तैं दौरीं, लै पाती उर लाई।
नैननि निरखि निमेष न खंडित, प्रेम तृषा न बुझाई॥
कहा करौं सूनौ यह गोकुल, हरि बिनु कछु न सुहाई।
सूरदास ब्रज कौन चूक तैं, स्याम सुरति बिसराई॥

॥ 222 ॥

निरखति अंक स्याम सुंदर के बार बार लावतिं लै छाती।
लोचन जल कागद मसि मिलि कै, ह्वैं गई स्याम स्याम की पाती॥
गोकुल बसत नंदनंदन के, कबहुँ बयारि न लागो ताती।
अरु हम उती कहा कहैं ऊधौ, जब सुनि बेनु नाद संग जाती॥
उनकैं लाड़ बदति नहिं काहू, निसि दिन रसिक रास रस राती।
प्राननाथ तुम कबहि मिलोगे, सूरदास प्रभु बाल सँघाती॥

॥ 223 ॥

कोउ ब्रज बाँचत नाहिंन पाती।
कत लिखि लिखि पठवत नंद नंदन कठिन बिरह की काँती॥
नैन सजल कागज अति कोमल, कर अँगुरी अति ताती।
परसैं जरै, बिलोकैं भींजै, दुहूँ भाँति दुख छाती॥
को बाँचै ये अंक सूर प्रभु, कठिन मदन सर घाती।
सब सुख लै गए स्याम मनोहर, हमकौं दुख दै थाती॥

# भ्रमर गीत

॥ 224 ॥

इहिं अंतर मधुकर इक आयौ।
निज स्वभाव अनुसार निकट ह्वै, सुंदर सब्द सुनायौ॥
पूछन लागीं ताहि गोपिका, कुबिजा तोहिं पठायौ।
कीधौं सूर स्याम सुंदर कौं, हमैं संदेसौ लायौ॥

॥ 225 ॥

मधुप कहा ह्याँ निरगुन गावहि।
यह प्रिय कथा नगर नारिनि सौं कहहि जहाँ कछु पावहि॥
जानतिं मरम नंदनंदन कौ, और प्रसंग चलावहि।
हम नाहीं कमला सी भोरी करि चातुरी मनावहि॥
अति बिचित्र लरिका की नाईं, गुर दिखाइ बौरावहि।
जो तू कितक सुमन रस लै, तजि जाइ बहुरि नहिं आवहि॥
सुंदर मधु आनन अनुरागी, नैननि आनि पिवावहि।
नागर रति पति सूरदास प्रभु, किहिं बिधि आनि मिलावहि॥

॥ 226 ॥

(मधुप तुम) कहौं कहाँ तैं आए हौ।
जानति हौं अनुमान आपनै, तुम जदुनाथ पाठए हौ॥
वैसेइ बसन, बरन तन सुंदर, वेइ भूषन सजि ल्याए हौ।
जै सरबसु संग स्याम सिधारे, अब का पर पहिराए हौ॥
अहो मधुप एकै मन सबकौ, सु तौ उहाँ लै छाए हौ।

अब यह कौन सयान बहुरि ब्रज, ता कारन उठि धाए हौ ॥
मधुबन की मानिनी मनोहर, तहीं जात जहँ भाए हौ।
सूर जहाँ लौं स्याम गात हैं, जानि भले करि पाए हौ ॥

॥ 227 ॥

सुनौ गोपी हरि कौ संदेस।
करि समाधि अंतर गति ध्यावहु, यह उनकौ उपदेस ॥
वै अविगत अविनासी पूरन, सब घट रहे समाई।
तंत्व ज्ञान बिनु मुक्ति नहीं है, वेद पुराननि गाइ ॥
सगुन रूप तजि निरगुन ध्यावहु, इक चित इक मन लाइ।
वह उपाइ करि बिरह तरौ तुम, मिलै ब्रह्म तब आइ ॥
दुसह संदेस सुनत माधौ कौ, गोपी जन बिलखानी।
सूर बिरह की कौन चलावै, बूड़ति मनु बिनु पानी ॥

॥ 228 ॥

मधुकर हमहीं क्यौं समुझावत।
बारंबार ज्ञान गीता कौ, अबलनि आगैं गावत ॥
नंद नंदन बिनु कपट कथा कत, कहि कहि रुचि उपजावत।
एक चंदन जो अंग छुधा रत, कहि कैसैं सचु पावत ॥
देखि बिचारि तुहीं जिय अपने, नागर है जु कहावत।
सब सुमननि फिरि फिरि जु निरस करि, काहैं कमल बँधावत ॥
चरन कमल, कर नयन बदन छबि, वहै कमल मन भावत।
सूरदास मन अलि अनुरागी कहि कैसैं सुख पावत ॥

॥ 229 ॥

रहु रे मधुकर मधु मतवारे।
कौन काज या निरगुन सौं, चिर जीवहु कान्ह हमारे ॥
लोटत पीत पराग कीच मैं, नीच न अंग सँम्हारे।
बारंबार सरक मदिरा की, अपरस रटत उघारे ॥

तुम जानत हौ वैसी ग्वारिनि, जैसे कुसुम तिहारे।
घरी पहर सबहिनि बिरमावत जेते आवत कारे॥
सुंदर बदन कमल दल लोचन, जसुमति नंद दुलारे।
तन मन सूर अरपि रहीं स्यामहिं, कापै लैहिं उधारे॥

॥ 230 ॥

मधुकर काके मीत भए।
द्यौस चारि करि प्रीति सगाई, रस लै अनत गए॥
डहकत फिरत आपने स्वारथ, पाषंड अग्र दए।
चाँड़ सरैं पहिचानत नाहीं, प्रीतम करत नए॥
मूँड़ उचाट मेलि बौराए, मन हरि हरि जु लए।
सूरदास प्रभु धूति धर्म ढिग, दुख के बीज बए॥

॥ 231 ॥

मधुकर हम न होहिं वै बेलि।
जिन भजि तजि तुम फिरत और रंग, करत कुसुम रस केलि॥
बारे तैं बर बारि बढ़ी हैं, अरु पोषी पिय पानि।
बिनु पिय परस प्रात उठि फूलत, होति सदा हित हानि॥
ये बेली बिरही बृंदावन, उरझीं स्याम तमाल।
प्रेम पुहुप रस बास हमारे, बिलसत मधुप गोपाल॥
जोग समीर धीर नहिं डोलतिं, रूप डार दृढ़ लागीं।
सूर पराग न तजतिं हिए तैं, श्री गुपाल अनुरागीं॥

॥ 232 ॥

मधुकर कहाँ पढ़ी यह नीति।
लोक वेद सब ग्रंथ रहित यह, कथा कहत बिपरीति॥
जनम भूमि ब्रज सखी राधिका, केहिं अपराध तजी।
अति कुलीन गुन रूप अमित सुख, दासी जाइ भजी॥
जोग समाधि बेद-गुनि मारग, क्यौं समुझै जु गँवारि।

जो पै गुन अतीत व्यापक है, तौ हम काहैं न्यारि॥
रहि अलि ढीठ कपट स्वारथ हित, तजि बहु बचन बिसेषि।
मन क्रम बचन बचतिं इहिं नातैं, सूर स्याम तन देखि॥

॥ 233 ॥

ऊधौ स्याम सखा तुम साँचे।
की करि लियौ स्वाँग बीचहि तैं, वैसहिं लागत काँचे।
जैसी कहीं हमहिं आवत ही औरनि कहि पछिताते।
अपनौ पति तजि और बतावत, मेहमानी कछु खाते॥
तुरत गमन कीजे मधुबन कौं, इहाँ कहा यह लाए।
सूर सुनत गोपिनि की बानी, ऊधौ सीस नवाए॥

॥ 234 ॥

ऊधौ और कछू कहिबै कौं?
मन मानै सोऊ कहि डारौ, हम सब सुनि सहिबे कौं॥
यह उपदेस आजु लौं ऐसौ, काननि सुन्यौ न देख्यौ।
नीरस कटुक तपत अति दारुन, चाहत हम उर लेख्यौ॥
निसि दिन बसत नैकु नहिं निकसत, हृदय मनोहर ऐन।
याकौ यहाँ ठौर नाहीं है, लै राखौ जहँ चैन॥
ब्रजबासी गोपाल उपासी, हमसौं बातैं छाँड़ि।
सूर जोग धन राखि मधुपुरी, कुबिजा के घर गाड़ि॥

॥ 235 ॥

जाहु जाहु ऊधौ जाने हौं।
जैसे हरि तैसे तुम सेवक, कपट चतुरई साने हौ॥
निरगुन ज्ञान कहाँ तुम पायौ कौन सीख ब्रज आने हौ।
यह उपदेस देहु लै कुबिजहिं, जाकै रूप लुभाने हौ॥
कहँ लगि कहौं जोग की बातै, बाँचत नैन पिराने हौ।
सूरदास प्रभु हम सब खोटी, तुम तौ बार बाने हौ॥

॥ 236 ॥

ऐसेई जन धूत कहावत।
मोकौं एक अचंभौ आवत, यामैं वै कछु पावत॥
बचन कठोर कहत कहि दाहत, अपनौ महत गँवावत।
ऐसी प्रकृति परी काहू की, जुवतिनि ज्ञान बतावत॥
आपुन निलज रहत नख सिख लौं, एते पर पुनि गावत।
सूर करत परसंसा अपनी, हारेहुँ जीति कहावत॥

॥ 237 ॥

प्रकृति जो जाकैं अंग परी।
स्वान पूँछ काउ कोटिक लागै, सूधी कहुँ न करी॥
जैसैं काग भच्छ नहिं छाँड़ै, जनमत जौन घरी।
धोए रंग जात नहिं कैसेहुँ, ज्यौं कारी कमरी॥
ज्यौं अहि डसत उदर नहिं पूरत, ऐसी धरनि धरी।
सूर होइ सो होइ सोच नहिं, तैसेइ एऊ री॥

॥ 238 ॥

समुझि न परति तिहारी ऊधौ।
ज्यौं त्रिदोष उपजैं जक लागत, बोलत बचन न सूधौ॥
आपुन कौ उपचार करौ अति, तब औरनि सिख देहु।
बड़ौ रोग उपज्यौ है तुमकौ, भवन सबारैं लेहु॥
ह्वाँ भेषज नाना भाँतिन के, अरु मधु रिपु से बैद।
हम कातर डरपतिं अपनै सिर, यह कलंक है खेद॥
साँची बात छाँड़ि अलि तेरी, झूठी को अब सुनि है।
सूरदास मुक्ताहल भोगी, हंस ज्वारि क्यौं चुनिहै॥

॥ 239 ॥

हम तौ सब बातनि सचु पायौ।
गोद खिलाइ पिवाइ देह पय, पुनि पालनै झुलायौ॥

देखति रही फनिग की मनि ज्यौं, गुरुजन ज्यौं न भुलायौ।
अब नहिं समुझति कौन पाप तैं, बिधना सो उलटायौ॥
बिनु देखैं पल पल नहिं छन छन, ये ही चित ही चायौ।
अबहिं कठोर भए ब्रजपति सुत, रोवत मुँह न धुवायौ॥
तब हम दूध, दही के कारन, घर घर बहुत खिझायौ।
सो अब सूर प्रगट ही लाग्यौ, योग अरू ज्ञान पठायौ॥

॥ 240 ॥

जानि करि बावरी जनि होहु।
तत्व भजैं वैसी ह्वैं जैहौ, पारस परसैं लोहु॥
मेरौ बचन सत्य करि मानौ, छाँड़ौ सबकौ मोहु।
तौ लगि सब पानी की चुपरी, जौ लगि अस्थित दोहु॥
अरे मधुप! बातैं ये ऐसी, क्यौं कहि आवतिं तोह।
सूर सुबस्ती छाड़ि परम सुख, हमैं बतावत खोह॥

॥ 241 ॥

तुम तौ कहत संदेसौ आनि।
कहा कहैं वा नंदनंदन सौं, होत नहीं हित हानि॥
जुगति मुकुति किहिं काज हमारै, जदपि महा सुख खानि।
सनी सनेह स्याम सुंदर सौं, हिलि मिलि कै मन मानि॥
सोहत लोह परसि पारस कौं, ज्यौं सुबरन बर बानि।
पुनि वह कहा चारु चुंबक सौं, लटपटाइ लपटानि?॥
रूप रहित निरगुन नीरस नित, निगमहु परत न जानि।
सूरदास कौन बिधि तासौं, अब कीजे पहिचानि॥

॥ 242 ॥

मधुप तुम्हारी बात अटपटी, सुनि आवति है हँसी।
कहिधौं कौन अंग अबलनि सौं, कथत जोग अविनासी॥
तिनकौ कहा आन सौं नातौ, जे हैं घर की दासी।

अपने प्रान प्रेम पोषन लगीं, मीन नीर लौं बासी॥
नेम न तजत तजत बरु तन कौं, बधिक न छोरत फाँसी।
सूरदास गोपाल दरस बिनु, क्यौं जीवैं ब्रजबासी॥

॥ 243 ॥

उलटी रीति तिहारी ऊधौ, सुनै सो ऐसी को है।
अलप बयस अबला अहीरि सठ तिनहिं जोग कत सो है॥
बूची खुभी, आँधरी काजर, नकटी पहिरै बेसरि।
मुड़ली पटिया पारौ चाहै, कोढ़ी लावै केसरि॥
बहिरी पति सौ मतौ करै तौ, तैसोइ उत्तर पावै।
सो गति होइ सबै ताकी जो, ग्वारिनि जोग सिखावै॥
सिखई कहत स्याम की बतियाँ, तुमकौं नाहीं दोष।
राज काज तुम तैं न सरैगौ, काया अपनी पोष॥
जाते भूलि सबै मारग मैं, इहाँ आनि का कहते।
भली भई सुधि रही सूर, नतु मोह धार मैं बहते॥

॥ 244 ॥

मधुकर हम अजान मति भोरी।
यह मत जाइ तहाँ उपदेसौ, नागरि नवल किसोरी॥
कंचन कौ मृग कौनैं देख्यौ, किन बाँध्यौ गहि डोरी।
कहि धौं मधुप वारि तैं माखन, कौनै भरी कमोरी॥
बिनुहीं भीत चित्र किन कीन्हौं, किन नभ घाल्यौ झोरी।
कहौ कौन पै कढ़त कनूका, जिन हठि भुसी पछोरी॥
निरगुन ज्ञान तुम्हारो ऊधौ, हम अबला मति थोरी।
चाहतिं सूर स्याम मुख चंदहिं, अँखियाँ तृषित चकोरी॥

॥ 245 ॥

अँखियाँ हरि दरसन की भूखीं।
कैसैं रहतिं रूप रस राँची, ये बतियाँ सुनि रूखी॥

अवधि गनत, इकटक मग जोवत, तब इतनौ नहिं झूखीं।
अब यह जोग संदेसौ सुनि सुनि, अति अकुलानी दूखीं॥
बारक वह मुख आनि दिखावहु, दुहि पय पिवत पतूखी।
सूर सु कत हठि नाव चलावत, ये सरिता हैं सूखी॥

॥ 246 ॥

अखियाँ हरि दरसन की प्यासी।
देख्यौ चाहतिं कमलनैन कौं, निसि दिन रहतिं उदासी॥
आए ऊधौ फिरि गए आँगन, डारि गए गर फाँसी।
केसरि तिलक मोतिनि की माला, बृंदावन के बासी॥
काहू के मन की कोउ जानत, लोगनि के मन हाँसी।
सूरदास प्रभु तुम्हरे दरस कौं, करवत लैहौं कासी॥

॥ 247 ॥

पूरनता इन नैननि पूरे।
तुम पुनि कहत सुनति हम समुझतिं, येही दुख अति मरत बिसूरे॥
हरि अंतरजामी सब बूझत, बुद्धि बिचारि सु बचन समूरे।
वै हरि रतन रूप सागर के, क्यौं पाइयै खनावत घूरे॥
रे अलि चपल मोद रस लंपट, कटु संदेस कथत कत चूरे।
कहँ मुनि ध्यान कहाँ ब्रज बासिनि, कैसें जात कुलिस कर चूरे॥
देखि बिचारि प्रगट सरिता सर, सीतल सजल स्वाद रुचि रूरे।
सूर स्वाति की बूँद लगी जिय, चातक चित लागत सब झूरे॥

॥ 248 ॥

मधुबन लोगनि को पतियाइ।
मुख औरै अंतरगति औरै, पतियाँ लिखि पठवत जु बनाइ॥
ज्यौं कोइल सुत काग जियावै, भाव भगति भोजन जु खवाइ।
कुहुकि कुहुकि आए बसंत रितु, अंत मिलै अपने कुल जाइ॥
ज्यौं मधुकर अंबुज रस चाख्यौ, बहुरि न बूझै बातैं आइ।
सूर जहाँ लगि स्याम गात हैं, तिनसौं कीजै कहा सगाइ॥

॥ 249 ॥

मधुबन सब कृतज्ञ धरमीले।
अति उदार परहित डोलत हैं, बोलत बचन सुसीले ॥
प्रथम आइ गोकुल सुफलक सुत, लै मधुरिपुहिं सिधारे।
उहाँ कंस ह्याँ हम दीननि कौं, दूनौ काज सँवारे ॥
हरि कौं सिखै सिखावन हमकौं, अब ऊधौ पग धारे।
ह्वाँ दासी रति की कीरति कै, इहाँ जोग बिस्तारे ॥
अब तिहिं बिरह समुद्र सबै हम, बूड़ीं चहुँ तन हीं।
लीला सगुन नाव ही सुनु अलि, तिहिं अवलंब रहीं ॥
अब निरगुनहिं गहैं जुवतीजन, पारहिं कहा गईं।
सूर अक्रूर छपद के मन मैं, नाहिंन त्रास दई ॥

॥ 250 ॥

याकी सीख सुनै ब्रज को रे।
जाकी रहनि कहनि अनमिल अलि, कहत समुझियत थोरे ॥
आपुन पद मकरंद सुधा रत, हृदय रहत नित बोरे।
हमसौं कहत बिरह स्रम जैहै, गगन कूप खनि खोरे ॥
धान कौ गाँव पयार तैं जानौ, ज्ञान विषय रस भोरे।
सूर सु बहुत कहे न रहै रस, गूलर कौ फल फारे ॥

॥ 251 ॥

ज्ञान बिना कहुँवै सुख नाहीं।
घट घट व्यापक दारु अगिनि ज्यौं, सदा बसै उर माहीं ॥
निरगुन छाँड़ि सगुन कौं दौरति, सु धौं कहौ किहिं पाहीं।
तत्व भजौ जो निकट न छूटै, ज्यौं तनु तैं परछाहीं ॥
तिहि तैं कहौ कौन सुख पायौ, जिहिं अब लौं अवगाहीं।
सूरदास ऐसै करि लागत, ज्यौं कृषि कीन्हें पाही ॥

॥ 252 ॥

ऊधौ तुम अपनौ जतन करौ।
हित की कहत कुहित की लागति, कत बेकाज ररौ॥
जाइ करौ उपचार आपनौ, हम जु कहति हैं जी की।
कछुवै कहत कछुक कहि आवत, धुनि दिखियत नहिं नीकी॥
साधु होइ तिहिं उत्तर दीजै, तुमसौं मानी हारि।
यह जिय जानि नंद नंदन तुम, इहाँ पठाए टारि॥
मथुरा गहौ बेगि इन पाइनि, उपज्यौं है तन रोग।
सूर सु वैद बेगि टोहौ किन, भए मरन के जोग॥

॥ 253 ॥

घर ही के बाढ़े रावरे।
नाहिंन मीत वियोग बस परे, अनव्यौंगे अलि बावरे॥
बरु मरि जाइ चरैं नहिं तिनुका, सिंह को यहै स्वभाव रे।
स्रवन सुधा मुरली पोषे के, जोग जहर न खबाव रे॥
ऊधौ हमहिं सीख कह दैहौ, हरि बिनु अनत न ठाँव रे।
सूरजदास कहा लै कीजे, थाही नदिया नाव रे॥

॥ 254 ॥

मधुकर यह जानी तुम साँची।
पूरन ब्रह्म तुम्हारौ ठाकुर, आगैं माया नाची॥
यह इहिं गाउँ न समुझत कोऊ, कैसौ निरगुन होत।
गोकुल ओट परे नंद नंदन, वहै तुम्हारौ पोत॥
को जसुमति ऊखल सौं बाँध्यौ, को दधि माखन चोरे।
किन ये दोऊ रूख हमारे, जमला अर्जुन तोरे॥
को लै बसन चढ़्यौ तरु साखा, मुरली मन आकरषे।
को रस रास रच्यौ बृंदाबन, हरषि सुमन सुर बरषे॥
जौ डाकौ तौ कत बिनु बूड़े, काहे जीभि पिरावत।
तब जु सूर प्रभु गए क्रूर लै, अब क्यौं नैन सिरावत?॥

॥ 255 ॥

निरगुन कौन देस कौ बासी?
मधुकर कहि समुझाइ सौंह दै, बूझति साँच न हाँसी॥
को है जनक, कौन है जननी, कौन नारि, को दासी।
कैसे बरन, भेष है कैसौं, किहि रस मैं अभिलाषी॥
पावैगौ पुनि कियौ आपनौ, जो रे करैगौ गाँसी।
सुनत मौन ह्वै रह्यौ बावरौ, सूर सबै मति नासी॥

॥ 256 ॥

वै हरि, बातैं क्यौं बिसरी।
आवत राधा पंथ चरन रज, हित सौं अंक भरी॥
भाँति भाँति किसलय कुसुमावलि, सेज्या सोभ करी।
निमिष वियोग होत तन तलफल, ज्यौं जल बिनु मछरी॥
सुरति स्त्रमित स्यामा रस रंजित सोवति रंग भरी।
आपुन कुसुम व्यंजन कर लीन्हे, करत मरुत लहरी॥
गोचारन मिस जात सघन बन, मुरली अधर धरी।
नाद प्रनालि प्रवेस घोष मैं, रिझवत तिय सिगरी॥
प्रकृति पुरुष तामैं ताकौ संग, सूर प्रगट जस री।
ऊधौ सुनत सुनत मन बिथकित, सुफलित करन घरी॥

॥ 257 ॥

काहे कौं गोपीनाथ कहावत।
जौ मधुकर वै स्याम हमारे, क्यौं न इहाँ लौं आवत॥
सपने की पहिचानि मानि जिय हमहिं कलंक लगावत।
जो पै कृष्न कूबरी रीझे, सोइ किन बिरद बुलावत॥
ज्यौं गजराज काज के औरै औरै दसन दिखावत।
ऐसैं हम कहिबे सुनिबे कौं, सूर अनत बिरमावत॥

॥ 258 ॥

ऊधौ जाके माथैं भाग।
बिलपत छाँड़ि सकल गोपीजन, चेरी चपल सुहाग॥
आए जोग की बेलि लगावन, काटि प्रेम कौ बाग।
कुबिजा कौ पटरानी कीन्हीं, हमैं देत बैराग॥
लौंड़ी की डौंड़ी जग बाजी, बढ़्यौ स्याम अनुराग।
निलज भए दोऊ खेलत हैं, बारहमासी फाग॥
जोरी भली बनी है उनकी, राजहंस अरु काग।
सूरदास प्रभु ऊख छाँड़ि कै, चतुर चचोरत आग॥

॥ 259 ॥

यह अलि हमैं अँदेसौ आवै।
कौन गुनाह जोग लिखि पठयौ, सो तू कहि समुझावै॥
जे अंग रचे बसन आभूषन, कैसे भस्म चढ़ावै।
कबरी केस सुमन गहि राखे, सो क्यौं जटा बनावै॥
सब बिपरीत कहत तू हमसौं, सो कैसैं चित आवै।
सुंदर स्याम कमल दल लोचन, सूरदास मोहिं भावै॥

॥ 260 ॥

तुम्हारी प्रीति, कियौ तरवारि
दृष्टि धार धरि हती जु पहिलैं, घायल सब ब्रजनारि॥
गिरीं सुमार खेत बृंदावन, रन मानी नहिं हारि।
बिह्वल विकल सँभारति छिनु छिनु, बदन सुधा निधि वारि॥
अब यह, कृपा जोग लिखि पठयौ, मनसिज करी गुहारि।
कछु इक सेष बच्यौ सूरज प्रभु, सोउ जनि डारहु मारि॥

॥ 261 ॥

जोग ठगौरी ब्रज न बिकैहै।
मूरी के पातनि के बदल, को मुक्ताहल दैहै॥

यह ब्यौपार तुम्हारौ ऊधौ, ऐसैं ही धरयौ रै है।
जिन पै तैं लै आए ऊधौ, तिनहिं के पेट समैहै॥
दाख छाँड़ि कै कटुक निबौरी, को अपने मुख खैहै।
गुन करि मोही सूर सावर, को निरगुन निरबैहै॥

॥ 262 ॥

ऊधौ तुम हौ निकट के बासी।
यह निरगुन लै तिनहिं सुनावहु, जे मुड़िबा बसैं कासी॥
मुरलीधरन सकल अंग सुंदर, रूप सिंधु की रासी।
जोग बटोरे लिए फिरत हौ, ब्रजवासिन की फाँसी॥
राजकुमार भलैं हम जाने, घर मैं कंस की दासी।
सूरदास जदुकुलहिं लजावत, ब्रज मैं होति है हाँसी॥

॥ 263 ॥

हम तो कान्ह केलि की भूखी।
कहा करै लै निर्गुन तुम्हरौ, बिरहिनि बिरह विदूषी॥
कहियै कहा यहै नहिं जानत, कहौ जोग किहि जोग।
पालागौं तुमहीं से वा पुर, बसत बावरे लोग॥
चंदन, अभरन, चीर चारु बर, नैंकु आपु तन कीजै।
दंड, कमंडल, भसम, अधारी, तब जुवतिनि कौं दीजै॥
सूर देखि दृढ़ता गोपिन की, ऊधौ दृढ़ ब्रत पायौ।
करी कृपा जदुनाथ मधुप कौ, प्रेमहिं पढ़न पठायौ॥

॥ 264 ॥

गोपी सुनहु हरि संदेस।
कह्यौ पूरन ब्रह्म ध्याबहु, त्रिगुन मिथ्या भेष॥
मैं कहौं सो सत्य मानहु, सगुन डारहु नाखि।
पंच त्रयगुन सकल देही, जगत ऐसौ भाषि॥
ज्ञान बिनु नर मुक्ति नाहीं, यह विषय संसार।

रूपरेख, न नाम जल थल, बरन अबरन सार ॥
मातु पितु कोउ नाहिं नारी, जगत मिथ्या लाइ।
सूर सुख दुख नहीं जाकैं, भजौ ताकौं जाइ ॥

॥ 265 ॥

ऐसी बात कहौ जनि ऊधौ।
कमलनैन की कानि करति हैं, आवत बचन न सूधौ ॥
बातनि ही उड़ि जाहिं और ज्यौं, त्यौं नाहीं हम कांची।
मन, बच, कर्म सोधि एकै मत, नंदनंदन रंगरांची ॥
सो कछु जतन करौ पालागौं, मिटै हियै की सूल।
मुरलीधरहिं आनि दिखरावहु, ओढ़े पीत दुकूल ॥
इन्हीं बातनि भए स्याम तनु, मिलवत हौं गढ़ि छोलि।
सूर बचन सुनि रह्यौ ठगौसौ, बहुरि न आयौ बोलि ॥

॥ 266 ॥

फिरि फिरि कहा बनावत बात।
प्रात काल उठि खेलत ऊधौ घर घर माखन खात ॥
जिनकी बात कहत तुम हमसौं, सो है हमसौं दूरि।
ह्यां हैं निकट जसोदानंदन, प्रान सजीवन मूरि ॥
बालक संग लिए दधि चोरत, खात खवावत डोलत।
सूर सीस नीचौ कत नावत, अब काहैं नहिं बोलत ॥

॥ 267 ॥

ए अलि कहा जोग मैं नीकौ।
तजि रस रीति नंद नंदन की, सिखवत निरगुन फीकौ ॥
देखत सुनत नाहिं कछु स्रवननि, जोति जोति करि धावत।
सुंदर स्याम कृपालु दयानिधि, कैसैं हौ बिसरावत ॥
सुनि रसाल मुरली की सुर धुनि, सुर मुनि कौतुक भूले।
अपनी भुजा ग्रीव पर मेली, गोपिन के मन फूले ॥

लोक कानि कुल के भ्रम छाँड़े, प्रभु संग घर बन खेली।
अब तुम सूर खवावन आए, जोग जहर की बेली॥

॥ 268 ॥

मधुकर स्याम हमारे ईस।
तिनकौ ध्यान धरैं निसि बासर, औरहिं नवै न सीस॥
जोगिनि जाइ जोग उपदेसहु, जिनके मन दस बीस।
एकै चित एकै वह मूरति, तिन चितवतिं दिन तीस॥
काहैं निरगुन ग्यान आपनौ, जित कित डारत खीस।
सूरदास प्रभु नंदनंदन बिनु, हमरे को जगदीस॥

॥ 269 ॥

ऊधौ मन नहिं हाथ हमारैं।
रथ चढ़ाइ हरि संग गए लै, मथुरा जबहिं सिधारे॥
नातरु कहा जोग हम छाँड़हिं, अति रुचि कै तुम ल्याए।
हम तौ झँखतिं स्याम की करनी, मन लै जोग पठाए॥
अजहुँ मन अपनौ हम पावैं, तुम तैं होइ तौ होइ।
सूर सपथ हमैं कोटि तिहारी, कही करैंगी सोइ॥

॥ 270 ॥

ऊधौ मन न भए दस बीस।
एक हुतौ सो गयौ स्याम संग, को अवराधै ईस॥
इंद्री सिथिल भईं केसव बिनु, ज्यौं देही बिनु सीस।
आसा लागि रहति तन स्वासा, जीवहिं कोटि बरीस॥
तुम तौ सखा स्याम सुंदर के, सकल जोग के ईस।
सूर हमारैं नंदनंदन बिनु, और नहीं जगदीस॥

॥ 271 ॥

इहिं उर माखन चोर गड़े।
अब कैसैं निकसत सुनि ऊधौ, तिरछे ह्वै जु अड़े॥
जदपि अहीर जसोदा नंदन, कैसैं जात छंड़े।
ह्वां जादौपति प्रभु कहियत हैं, हमैं न लगत बड़े॥
को बसुदेव देवकी नंदन, को जानै को बूझै।
सूर नंदनंदन के देखत, और न कोऊ सूझै॥

॥ 272 ॥

मन मैं रह्यौ नाहिंन ठौर।
नंदनंदन अछत कैसैं, आनियै उर और॥
चलत चितवत दिवस जागत, स्वप्न सोवत राति।
हृदय तैं वह मदन मूरति, छिन न इत उत जाति॥
कहत कथा अनेक ऊधौ, लोग लोभ दिखाइ।
कहा करौं मन प्रेम पूरन, घट न सिंधु समाइ॥
स्याम गात सरोज आनन, ललित मृदु मुख हास।
सूर इनकैं दरस कारन, मरत लोचन प्यास॥

॥ 273 ॥

सखी री स्याम सबै इक सार।
मीठे बचन सुहाए बोलत, अंतर जारनहार॥
भंवर कुरंग काक अरु कोकिल, कपटिन की चटसार।
कमलनैन मधुपुरी सिधारे, मिटि गयौ मंगलचार॥
सुनहुँ सखी री दोष न काहू, जो बिधि लिख्यौ लिलार।
यह करतूति उनहिं की नाहीं, पूरब बिबिध बिचार॥
कारी घटा देखि बादर की, सोभा देति अपार।
सूरदास सरिता सर पोषत, चातक करत पुकार॥

॥ 274 ॥

बिलग जनि मानौ ऊधौ प्यारे।
वह मथुरा काजर की कोठरी, जे आवैं ते कारे॥
तुम कारे सुफलक सुत कारे, कारे कुटिल सँवारे।
कमलनैन की कौन चलावै, सबहिनि मैं मनियारे॥
मानौ नील माट तैं काढ़े जमुना आइ पखारे।
तातैं स्याम भई कालिंदी, सूर स्याम गुन न्यारे॥

॥ 275 ॥

मोहन माँग्यौ अपनौ रूप।
इंहिं ब्रज बसत अँचै तुम बैठीं ता बिन उहाँ निरूप॥
मेरौ मन, मेरे अलि लोचन लै जु गए धपि धूप।
ता ऊपर तुम लैन पठाए, मनौ धर्‌यौ करि सूप॥
अपनौ काज सँवारि सूर सुनि, हमैं बतावत कूप।
लेवादेइ धराधरि मैं है कौन रंक को भूप॥

॥ 276 ॥

ऊधौ भली भई ब्रज आए।
बिधि कुलाल कीन्हें काँचे घट ते तुम आनि पकाए॥
रंग दीन्हौ हो कान्ह साँवरैं अंग अंग चित्र बनाए।
पारौं गरे न नैन नेह तैं, अवधि अटा पर छाए॥
ब्रज करि अँवा जोग ईंधन करि, सुरति आनि सुलगाए।
फूँक उसास बिरह प्रजरनि सँग, ध्यान दरस सियराए॥
भरे संपूरन सकल प्रेम जल, छुवन न काहू पाए।
राज काज तैं गए सूर प्रभु, नंद नंदन कर लाए॥

॥ 277 ॥

तुम जु कहत हरि हृदय रहत हैं।
कैसैं होइ प्रतीति मधुप सुनि, ये इतनी जु सहत हैं॥

बार रैनि कठिन बिरहागिनि, अंतर प्रान दहत हैं।
प्रजरि प्रजरि मनु निकसि धूम अति, नैननि नीर बहत है॥
कठिन अवज्ञा होति देह दुख, मरजादा न गहत है॥
कहि अब क्यौं मानै मन सूरज, ये बातें जु कहत हैं॥

॥ 278 ॥

हमतौ दुहूँ भाँति फल पायौ।
जौ गोपाल मिलैं तौ नीकौ, नतरु जगत जस छायौ॥
कहँ हम या गोकुल की गोपी, बरनहीन घटि जाति।
कहँ वै श्री कमला के बल्लभ, मिलि बैठीं इक पाँति॥
निगम ज्ञान मुनि ध्यान अगोचर, ते भए घोष निवासी।
ता ऊपर अब कहौ देखि धौं मुक्ति कौन की दासी॥
जोग कथा ऊधौ पालागौं, मति कहौ बारंबार।
सूर स्याम तजि आन भजै जो, ताकि जननी छार॥

॥ 279 ॥

ऊधौ तुम हौ चतुर सुजान।
हमकौं तुम सोई सिख दीजौ, नंद सुवन की आन॥
आमिष है भोजन हित जाकौ, सो क्यौं सागहिं मान।
ता मुख सेम पात क्यौं परसत, जा मुख खाए पान॥
किंगरी स्वर कैसें सचु मानत, सुनि मुरली की तान।
सुख तौ ता दिन होइ सूर ब्रज, जा दिन आवै कान्ह॥

॥ 280 ॥

ऊधौ जो हरि हितू तुम्हारे।
तौ तुम कहियौ जाइ कृपा करि, ए दुख सबै हमारे॥
तन तरिवर उर स्वास पवन मैं, बिरह दवा अति जारे।
नहिं सिरात नहिं जात छार ह्वै, सुलगि सुलगि भए कारे॥
जद्यपि प्रेम उमंगि जल सींचे, बरषि बरषि घन हारे।

जौ सींचे इहिं भांति जतन करि, तौ एतें प्रतिपारे॥
कीर कपोत कोकिला चातक बधिक बियोग बिडारे।
क्यौं जीवैं इहिं भांति सूर प्रभु, ब्रज के लोग बिचारे॥

॥ 281 ॥

जीवन मुख देखे कौ नीकौ।
दरस, परस दिन राति पाइयत, स्याम पियारे पी कौ॥
सूनौ जोग कहा लै कीजै, जहां ज्यान है जी कौ।
नैननि मूँदि मूँदि कह देखौ, बँधौ ज्ञान पोथी कौ॥
आछे सुंदर स्याम हमारे, और जगत सब फीकौ।
खाटी मही कहा रुचि मानै, सूर सवैया घी कौ॥

॥ 282 ॥

नेह न होइ पुरानो रे अलि।
जल प्रवाह ज्यौं सोभा सागर, नित नव तन ब्रजनाथ इहाँ बलि॥
जीवत हैं आनंद रूप रस, बिनु प्रतीति क्यों मीन चढ़ै थलि।
अमी अगाध सिंधु सर बिहरत, पीवतहू न अघात इते जलि॥
दिन दिन बढ़त नीर नलिनी ज्यौं, स्याम रंग मैं नैन रहे रलि।
सूर गुपाल प्रीति जिय काकैं, छूटति नाहिंन नेह सती सलि॥

॥ 283 ॥

वे हरि सकल ठौर के बासी।
पूरन ब्रह्म अखंडित मंडित, पंडित मुनिनि बिलासी॥
सप्त पताल ऊरध अध पृथ्वी, तल नभ बरुन बयारी।
अभ्यंतर दृष्टी देखन कौं, कारन रूप मुरारी॥
मन बुधि चित अहंकार दसेंद्रिय प्रेरक थंभनकारी।
ताकैं काज बियोग बिचारत, ये अबला ब्रजनारी॥
जाकौं जैसौं रूप मन रुचै, सो अपबस करि लीजै।
आसन बैसन ध्यान धारना, मन आरोहन कीजै॥

घट दल अठ द्वादस दल निरमल, अजपा जाप जपाली।
त्रिकुटी संगम ब्रह्म द्वार भिदि, यौं मिलिहैं बनमाली॥
एकादस गीता स्रुति साखी, जिहिं बिधि मुनि समुझाए।
ते सँदेस श्रीमुख गोपिनि कौ, सूर सु मधुप सुनाए॥

॥ 284 ॥

ऊधौ कहा कहत बिपरीत।
जुवतिनि जोग सिखावन आए, यह तौ उलटी रीति॥
जोतत धेनु दुहत पय वृष कौ, करन लगे जु अनीति।
चक्रवाक ससि कौं क्यौं जानै, रबि चकोर कहँ प्रीति॥
पाहन तरै सोलह जौ बूड़े, तौ हम मानैं नीति।
सूर स्याम प्रति अंग माधुरी, रही गोपिका जीति॥

॥ 285 ॥

मधुकर भली करी तुम आए।
वै बातैं कहि कहि या दुख मैं, ब्रज के लोग हँसाए॥
मोर मुकुट मुरली पीतांबर, पठवहु सौंज हमारी।
आपुन जटाजूट, मुद्रा, धरि लीजै भस्म अधारी॥
कौन काज बृंदावन कौ सुख, दही भात की छाक।
अब वै स्याम कूबरी दोऊ, बने एक ही ताक॥
वै प्रभु बड़े सखा तुम उनके, जिनकैं सुगम अनीति।
या जमुना जल कौ सुभाव यह, सूर बिरह की प्रीति॥

॥ 286 ॥

ऊधौ ते कत चतुर कहावत।
जे नहिं जानैं पीर पराई, ह्वै सरबज्ञ जनावत॥
जो पर मीन नीर तैं बिछुरै, को करि जतन जिवावत।
प्यासे प्रान जात जल बिनु, तिहिं सुधा समुद्र बतावत॥
हम बिरहिनी स्याम सुंदर की, तुम निरगुनहिं गवावत।

जोग भोग, रस रोग, सोग सुख जाने जगत सुनावत॥
ये दृग मधुप सुमन सब परिहरि, कमल बदन रस भावत।
सोवत जागत सुपन रैन दिन, वह मूरति मन ध्यावत॥
कहि कहि कपट संदेसनि मधुकर, कत बकवाद बढ़ावत।
कूर कुटिल कपटी चित अंतर, सूरदास कवि गावत॥

॥ 287 ॥

काहे कौं रोकत मारग सूधौ।
सुनहु मधुप निरगुन कंटक तैं, राजपंथ क्यौं रूंधौ॥
कै तुम सिखि पठए हो कुबिजा, कह्यौ स्याम घनहूँ धौ।
बेद पुरान सुमृति सब ढूँढ़ौ, जुवतिनि जोग कहूँ धौं॥
ताकौ कहा परेखौ कीजै, जानै छाँछ न दूधौ।
सूर मूर अक्रूर गयौ लै, ब्याज निबेरत ऊधौ॥

॥ 288 ॥

कहा रस बरियाई की प्रीति।
जौ न गड़ै उर अंतर ऊधौ, भुस पर की सी भीति॥
नैन बैन अरु हृदय मिलत तन, बाढ़त प्रेम प्रतीति।
ए दोउ हंस होत जब सन्मुख, लेत मनहिं मन जीति॥
ऊधौ यहै संदेसौ कहियौ, मधुबन कैसी रीति।
सूरदास सोई जन जानै, गई जिनहिं मैं बीति॥

॥ 289 ॥

जो पै यहै प्रेम की बात।
तौ ऊधौ तुम निकट रहत कत, निरखि सांवरौ गात॥
बात कहत भरि लेत नैन जल, सुरति करत अकुलात।
जौ घट घट हरि रहत निरंतर, कतहिं मधुपुरी जात॥
सगुन प्रीति ऐसी प्रतिपालत, दुखित होत अति गात।
तुम निरगुन सौं प्रीति करत नित सूर समुझि पछितात॥

॥ 290 ॥

ऊधौ धनि तुम्हरौ ब्यौहार।
धनि वै ठाकुर धनि तुम सेवक, धनि हम बर्तनहार॥
काटहु अंब बबूर लगावहु, चंदन की करि वारि।
हमकौं जोग भोग कुबिजा कौ, ऐसी समुझ तुम्हारिं॥
तुम हरि पढ़े चातुरी बिद्या, निपट कपट चटसार।
पकरौ साह चोर कौ छाँड़ौं, चुगलनि कौ इतबार॥
समुझि न परै तिहारी मधुकर, हम ब्रज नारि गँवार।
सूरदास ऐसी क्यौं निबहै, अंध धुंध सरकार॥

॥ 291 ॥

प्रेम न रुकत हमारे बूतैं।
किहिं गयंद बाँध्यौ सुनि मधुकर, पदुम नाल के काँचे सूतैं?
सोवत मनसिज आनि जगायौ, पठै संदेस स्याम के दूतैं।
बिरह समुद्र सुखाइ कीन बिधि, रंचक जोग अगिनि के लू तैं॥
सुफलक सुत अरु तुम दोऊ मिलि, लीजै मुकुति हमारे हूतैं।
चाहति मिलन सूर के प्रभु कौं, क्यौं पतियाहिं तुम्हारे धूतैं॥

॥ 292 ॥

ऊधौ तुम हौ अति बड़ भागी।
अपरस रहत सनेह तगादैं, नाहिन मन अनुरागी॥
पुरइनि पात रहत जल भीतर, ता रस देह न दागी।
ज्यौं जल माहँ तेल की गागरि, बूँद न ताकौं लागी॥
प्रीति नदी मैं पाउँ न बोर्‌यौ, दृष्टि न रूप परागी।
सूरदास अबला हम भोरी, गुर चींटी ज्यौं पागी॥

॥ 293 ॥

जान्यौ नंद-सुवन कौ हेत।
राजनीति की रीति सुनौ हौ, चरत बारि चर खेत॥

जिनके संग बिहार किए, ते जोग संदेसौ देत।
इन बातनि सोई पै भूले, जाके मन नहिं चेत॥
रीझे जाइ कंसदासी पर, सुधि ब्रज बधू न लेत।
सूरदास मनि भूषन ऊपर, संख धरत हैं सेत॥

॥ 294 ॥

आयौ घोष बड़ौ ब्यौपारी।
खेप लादि गुरु ज्ञान जोग की, ब्रज मैं आनि उतारी॥
फाटक दै कै हाटक माँगत, भोरौ निपट सुधारी।
धुरही तैं खोटौ खायौ है, लिए फिरत सिर भारी॥
इनकैं कहे कौन डहकावे, ऐसी कौन अनारी।
अपनौ दूध छाँड़ि को पीवै, खारे कूप कौ बारी॥
ऊधौ जाहु सबारैं ह्यां तैं, बेगि गहरु जनि लावहु।
मुख माँगौ पैहौ सूरज प्रभु, साहुहिं आनि दिखावहु॥

॥ 295 ॥

मधुकर तुम हौ स्याम सखाई।
पा लागौं यह दोष बकसियौ, सनमुख करति ढिठाई॥
कौनैं रंक संपदा बिलसी, सोवत सपनैं पाई।
किहिं सोने की उड़त चिरैया, डोरा बाँधि उड़ाई॥
धाम धुवाँ के कहौ कौन के, कौनै धाम उठाई।
किहिं अकास तैं तोरि तरैया, आनि धरे धरनाई॥
ओलनि की माला कर अपनै, कौनैं गूंथि बनाई।
किहिं कागद की तरनी कीन्हीं, कौन तर्‌यौ सर जाई॥
कौनैं अबला नैन मूँदि कै, जोग समाधि लगाई।
इहिं उर आन रूप देखन की, आगि उठी अनखाई॥
सुनि ऊधौ तुम फिरि फिरि गावत, यामैं कौन बड़ाई।
सूरदास प्रभु ब्रज जुवतिनि कौ, प्रेम कह्यौ नहिं जाई॥

॥ 296 ॥

मन की मन ही माँझ रही।
कहिए जाइ कौन पै ऊधौ, नाहीं परत कही॥
अवधि अधार आस आवन की, तन मन बिथा सही।
अब इन जोग संदेसनि सुनि सुनि, बिरहिनि बिरह दही॥
चाहति हुतीं गुहारि जितहिं तैं, उत तैं धार बही।
सूरदास अब धीर धरहिं क्यौं, मरजादा न लही॥

॥ 297 ॥

ऊधौ बिरहौ प्रेम करै।
ज्यौं बिनु पुट पट गहत न रंग कौं, रंग न रसै परै॥
ज्यौं घर दहै बीज अंकुर गिरि, तौ सत फरनि फरै।
ज्यौं घट अनल दहत तन अपनौ, पुनि पय अमी भरै॥
ज्यौं रन सूर सहै सर सन्मुख, तौ रवि रथहुँ अरै।
सूर गुपाल प्रेम पथ चलि करि, क्यौं दुख सुखनि डरै॥

॥ 298 ॥

हमारै हरि हारिल की लकरी।
मनक्रम बचन नंद नंदन उर, यह दृढ़ करि पकरी॥
जागत सोवत स्वप्न दिवस निसि, कान्ह कान्ह जक री।
सुनत जोग लागत है ऐसौ, ज्यौं करुई ककरी॥
सु तौ ब्याधि हमकौं लै आए, देखी सुनी न करी।
यह तो सूर तिनहिं लै सौंपौ, जिनके मन चकरी॥

॥ 299 ॥

हरि हैं राजनीति पढ़ि आए।
समुझी बात कहत मधुकर के, समाचार सब पाए॥
इक अति चतुर हुते पहिलैं ही, अब गुरु ग्रंथ पढ़ाए।
बढ़ी बुद्धि जानी जो उनकी, जोग संदेस पठाए॥

ऊधौ भले लोग आगे के, परहित डोलत धाए।
अब अपने मन फेर पाइहैं, चलत जु हुते चुराए॥
ते क्यौं अनीति करैं आपुन, जे और अनीति छुड़ाए।
राज धरम तौ यहै सूर, जो प्रजा न जाहिं सताए॥

॥ 300 ॥

हरि तैं भलौ सुपति सीता कौ।
जाकैं बिरह जतन ए कीन्हे, सिंधु कियौ बीता कौ॥
लंका जारि सकल रिपु मारे, देख्यौ मुख पुनि ताकौ।
दूत हाथ उन लिखि जु पठायौ, ज्ञान कह्यौ गीता कौ॥
तिनकौ कहा परेखौ कीजै, कुबिजा के मीता कौ।
चढ़े सेज सातौं सुधि बिसरी, ज्यौं पीता चीता कौ॥
करि अति कृपा जोग लिखि पठयौ, देखि डराइ ताकौ।
सूरजदास प्रीति कह जानैं, लोभी नवनीता कौ॥

॥ 301 ॥

प्रीति उहिं देस न कोऊ जानत।
तू तौ बात कहत अलि ऐसी, बिथा नहीं पहिचानत॥
जे गुपाल ब्रज मैं गृह गृह तैं, दूध दही लै खात।
ते अब दुःख देत ब्रजवासिनि, निठुर भए पुर जात॥
सूर कुटिलता जे सुनियत हैं, लोग पुरातन गावत।
नख सिख लौं बिष रूप बसत, पै मधुबन नाम कहावत॥

॥ 302 ॥

ऊधौ मन माने की बात।
दाख छुहारा छाँड़ि अमृत फल, विषकीरा विष खात॥
ज्यौं चकोर कौं देइ कपूर कोउ, तजि अंगार अघात।
मधुप करत घर कोरि काठ मैं, बंधत कमल के पात॥
ज्यौं पतंग हित जानि आपनौ, दीपक सौं लपटात।
सूरदास जाकौ मन जासौं, सोई ताहि सुहात॥

॥ 303 ॥

हरिदरसन कौ तलफत नैन।
अरु जो चाहत भुजा मिलन कौं, स्रवन सुनन कौं बैन॥
जिय तलफत है बन बिहरन कौं, तुम मिलि अरु सब सखियाँ।
कल न परत तुम बिनु हम इक छिन, रोवतिं दिन अरु रतियाँ॥
जब तैं तुम हरि बिछुरे हम तैं, निसि बासर नहिं चैन।
सूरदास प्रभु तुम्हरे दरस कौं, काग उड़ावतिं सैन॥

॥ 304 ॥

जनि कोऊ बस परौ पराए।
सरबस दियौ आपनौ उनकौं, तऊ न कछू कान्ह के भाए॥
सहज समाधि रहत जोगी ज्यौं, मुद्रा जटा बिभूति लगाएँ।
राज करौ यह दान तुम्हारौ, जो पै देत बहुत तरसाएँ॥
ना जानौं अब भलौ मानिहैं, ऊधौ किहि बिधि नाचे गाएँ।
सूरदास प्रभु दरसन कारन, मानौ फिरति धतूरा खाएँ॥

॥ 305 ॥

लरिकाईं कौ प्रेम कहौ अलि कैसैं छूटत।
कहा कहौं ब्रजनाथ चरित, अंतरगति लूटत॥
वह चितवनि वह चाल मनोहर, वह मुसकानि मंद धुनि गावनि।
नटवर भेष नंद नंदन कौ वह बिनोद, वह बन तैं आवनि॥
चरन कमल की सौंह करति हौं, यह संदेस मोहिं विष लागत।
सूरदास पल मोहिं न बिसरति, मोहन मूरति सोवत जागत॥

॥ 306 ॥

बिनु गुपाल बैरिनि भई कुंजै।
तब वै लता लगति तन सीतल, अब भई विषम ज्वाल की पुंजै॥
वृथा बहति जमुना, खग बोलत, वृथा कमल फूलनि अलि गुंजै।

पवन, पान, घनसार, सजीवन, दधि सुत किरनि भानु भई भुंजै॥
यह ऊधौ कहियौ माधौ सौं, मदन मारि कीन्हीं हम लुंजैं।
सूरदास प्रभु तुम्हरे दरस कौं, मग जोवत अँखियाँ भई छुंजै॥

॥ 307 ॥

ऊधौ इतनी कहियौ जाइ।
अति कृस गात भईं ये तुम बिनु, परम दुखारी गाइ॥
जल समूह बरषति दोउ अँखियाँ, हूँकति लीन्हैं नाउँ।
जहाँ जहाँ गो दोहन कीन्हौ, सूँघति सोई ठाउँ॥
परति पछार खाइ छिन ही छिन, अति आतुर ह्वै दीन।
मानहु सूर काढ़ि डारी हैं, वारि मध्य तैं मीन॥

॥ 308 ॥

अति मलीन बृषभानु कुमारी।
हरि स्रम-जल भींज्यौ उर अंचल, तिहिं लालच न धुवावति सारी॥
अध मुख रहति अनत नहिं चितवति, त्यौं गथ हारे थकित जुवारी।
छूटे चिकुर बदन कुम्हिलाने, ज्यौं नलिनी हिमकर की मारी॥
हरि संदेस सुनि सहज मृतक भइ, इक बिरहिनि, दूजे अलि जारी।
सूरदास कैसैं करि जीवैं, ब्रज बनिता बिन स्याम दुखारी॥

॥ 309 ॥

अब अति चकितवंत मन मेरौ।
आयौ हौ निरगुन उपदेसन, भयौ सगुन कौ चेरौ॥
जो मैं ज्ञान कह्यौ गीता कौ, तुमहिं न परस्यौ नैरौ।
अति अज्ञान कछु कहत न आवै, दूत भयौ हरि कैरौ॥
निज जन जानि मानि जतननि तुम कीन्हौं नेह घनेरौ।
सूर मधुप उठि चले मधुपुरी, बोरि जोग कौ बेरौ॥

॥ 310 ॥

ऊधौ हम ऐसी नहिं जानी।
सुत कैं हेत मरम नहिं पायौ, प्रगटे सारंग पानी॥
निसि बासर छतिया सौं लाई, बालक लीला गाऊँ।
ऐसे कबहूँ भाग होंहिंगे, बहुरो गोद खिलाऊँ॥
को अब ग्वाल सखा संग लीन्हे, सांझ समै ब्रज आवै।
को अब चोरि चोरि दधि खैहै, मैया कौन बुलावै॥
बिदरति नाहिं बज्र की छाती, हरि बियोग क्यौं सहियै।
सूरदास अब नंदनंदन बिनु, कहौ कौन बिधि रहियै॥

॥ 311 ॥

ऊधौ जौ अब कान्ह न ऐहैं।
जिय जानौ अरु हृदय बिचारौ, हम अतिहीं दुख पैहैं॥
पूछौ जाइ कौन कौ ढोटा, तब कह उत्तर दै हैं।
खायौ खेल्यौ संग हमारैं, ताकौ कहा बतैहैं॥
गोकुल औ मथुरा के बासी, कहँ लौं झूठौ कै हैं।
अब हम लिखि पठ्यौ चाहति हैं, ह्वाँऊ पत नहिं पै हैं॥
इनि गाइनि चरिबौ छाँड्यौ है, जौ नहिं लाल चरै हैं।
एते पर नहिं मिलत सूर प्रभु, फिरि पाछैं पछितै हैं॥

॥ 312 ॥

कहियौ जसुमति की आसीस।
जहाँ रहौ तहँ नंद लाड़िलौ, जीवौ कोटि बरीस॥
मुरली दई दोहनी घृत भरि, ऊधौ धरि लइ सीस।
यह तो घृत उनहीं सुरभिनि कौ, जे प्यारी जगदीस॥
ऊधौ चलत सखा मिलि आए, ग्वाल बाल दस बीस।
अबकैं यह ब्रज फेरि बसावहु, सूरदास के ईस॥

॥ 313 ॥

(ऊधौ) देखत हौ जैसे ब्रजबासी।
लेत उसाँस नैन जल पूरत, सुमिरि सुमिरि अविनासी॥
भूलि न उठत जसोदा जननी, मनौ भुवंगम डासी।
छूटत नहीं प्रान क्यौं अटके, कठिन प्रेम की फाँसी॥
आवत नहीं नंद मंदिर मैं, भयौ फिरत बनबासी।
परम मलीन धेनु दुर्बल भईं, स्याम बिरह की त्रासी॥
गोपी ग्वाल सखा बालक सब, कहूँ न सुनियत हांसी।
काहैं दियौ सूर सुख मैं दुख, कपटी कान्ह बिसासी॥

॥ 314 ॥

सुनियै ब्रज की दसा गुसाईं।
रथ की धुजा पीत पट भूषन देखत ही उठि धाईं॥
जो तुम कही जोग की बातैं, सो हम सबै बताईं।
श्रवन मूदि गुन कर्म तुम्हारे, प्रेम मगन मन गाईं॥
औरौ कछू संदेस सखी इक, कहत दूरि लौं आई।
हुतौ कछू हमहूँ सौं नातौ निपट कहा बिसराई॥
सूरदास प्रभु बन बिनोद करि, जे तुम गाइ चराई।
ते गाई अब ग्वाल न घेरत, मानौ भईं पराई॥

॥ 315 ॥

ब्रज के बिरही लोग दुखारे।
बिन गोपाल ठगे से ठाढ़े, अति दुर्बल तन कारे॥
नंद जसोदा मारग जोवति, निसिदिन साँझ, सकारे।
चहुँ-दिसि कान्ह-कान्ह कहि टेरत, अंसुवन बहत पनारे॥
गोपी, ग्वाल, गाइ, गो सुत सब, अतिहीं दीन बिचारे।
सूरदास प्रभु बिनु यौं देखियत, चंद बिना ज्यौं तारे॥

॥ 316 ॥

हरि जू आए सो भली कीन्ही।
मो देखत कहि उठी राधिका, अंक तिमिर कौं दीन्हीं॥
तन अति कंप बिरह अति ब्याकुल, उर धुकधुकि अति कीन्ही।
चलत चरन गहि रही गई गिरि, स्वेद सलिल भइ भीनी॥
छुटी न भुज, टूटी बलयावलि, फटी कंचुकी झीनी।
मनौ प्रेम की परनि परेवा, याही तैं पढ़ि लीनी॥
अवलोकत इहिं भाँति रमापति, मानो अहि मनि छीनी।
सूरदास प्रभु कहौं कहाँ लौं, भई अयान मतिहीनी॥

॥ 317 ॥

सुनहु स्याम यह बात और कोउ क्यौं समुझाइ कहै।
दुहुँ दिसि कौ अति बिरह बिरहिनी, कैसैं कै जु सहै॥
जब राधा तबहीं मुख माधौ, माधौ रटत रहै।
जब माधौ ह्वै जात सकल तन, राधा बिरह दहै॥
उभै अग्र दव दारु कीट ज्यौं, सीतलताहिं चहै।
सूरदास अति बिकल बिरहिनी, कैसेहुँ सुख न लहै॥

॥ 318 ॥

दिन दस घोष चलहु गोपाल।
गाइनि की अवसेरि मिटावहु, मिलहु आपने ग्वाल॥
नाचत नहीं मोर ता दिन तैं, रटत न बरषा काल।
मृग दुबरे तुम्हरे दरसन बिनु, सुनत न बेनु रसाल॥
बृंदावन हर्‌यौ होत न भावत, देख्यौ स्याम तमाल।
सूरदास मैया अनाथ है, घर चलियै नंदलाल॥

॥ 319 ॥

ऊधौ भलौ ज्ञान समुझायौ।
तुम मोसौं अब कहा कहत हौ, मैं कहि कहा पठायौ॥

कहवावत हौ बड़े चतुर पै, उहाँ न कछु कहि आयौ।
सूरदास ब्रज बासिन कौ हित, हरि हिय माहँ दुरायौ॥

॥ 320 ॥

मैं समुझाई अति अपनौ सौ।
तदपि उन्हैं परतीति न उपजी, सबै लख्यौ सपनौ सौ॥
कही तुम्हारी सबै कही मैं, और कही कछु अपनी।
स्त्रवननि बचन सुनत भइ उनकैं ज्यौं घृत नाएँ अगनी॥
कोऊ कहा बनाइ पचासक, उनकी बात जु एक।
धन्य धन्य ब्रजनारि बापुरी, जिनकी और न टेक॥
देखत उमग्यौ प्रेम इहाँ कौ, धरे रहे सब ऊलौ।
सूर स्याम हौं रह्यौ थक्यौ सौ, ज्यौं मृग चौका भूलौ॥

॥ 321 ॥

मो मन उनहीं कौ जु भयौ।
पर्यौ प्रभु उनकैं प्रेम कोस मैं, तुमहूँ बिसरि गयो॥
तुमसौं सपथ करि गयौ मोहन, बेगि कह्यौ हो आवन।
तिनहिं देखि वैसाइ मैं ह्वै रह्यौ, लग्यौ उनहिं मिलि गावन॥
समुझि परी षट् मास बितीते, कहाँ हुतौ हो आयौ।
सूर अनकही दै गोपिनि सौं, स्त्रवन मूँदि उठि धायौ॥

॥ 322 ॥

ऊधौ मोहिं ब्रज बिसरत नाहीं।
हंस सुता की सुंदर कगरी, अरु कुँजनि की छाँहीं॥
वै सुरभी वै बच्छ दोहनी, खरिक दुहावन जाहीं।
ग्वाल बाल मिलि करत कुलाहल नाचत गहि गहि बाहीं॥
यह मथुरा कंचन की नगरी, मनि मुक्ताहल जाहीं।
जबहिं सुरति आवति वा सुख की, जिय उमगत तन नाहीं॥
अनगन भांति करी बहु लीला, जसुदा नंद निबाहीं।
सूरदास प्रभु रहे मौन ह्वै, यह कहि कहि पछिताहीं॥

# द्वारिका लीला

॥ 323 ॥

देखौ री सखि आजु नैन भरि, हरि के रथ की सोभा।
जोग, जज्ञ, तप, जप, तीरथ, ब्रत, कीजत है जिहि लोभा॥
चारु चक्र मनि खचित मनोहर, चंचल चँवर पताका।
सोभ छत्र ज्यौं ससि प्राचीदिसि, उदय कियौ निसि राका॥
स्याम सरीर सुदेस पीत पट, सीस मुकुट उर माल।
जनु दामिनि घन रबि तारा गन, प्रगट एक ही काल॥
उपजति छबि अति अधर संख मिलि, सुनियत सब्द प्रसंस।
मानहु अरुन कमल मंडल मैं, कूजत है कल हंस॥
मदन गुपालहिं देखत ही अब, सब दुख सोक बिसारे।
बैठे हैं सुफलकसुत गोकुल लैन जु उहँ सिधारे॥
आनंदित नर नारि नगर के, बदन बिमल जस गायौ।
सूरदास द्वारिका निवासी, प्राननाथ प्रभु पायौ॥

॥ 324 ॥

द्विजपाती दै कहियौ स्यामहिं।
कुंडिनपुर की कुँवरि रुकमिनी, जपति तिहारे नामहिं॥
पालागौं तुम जाहु द्वारिका, नंद नंदन के धामहिं।
कंचन, चीर पटंबर दैहौं, कर कंकन जु इनामहिं॥
यह सिसुपाल असुचि अज्ञानी, हरत पराई बामहिं।
सूर स्याम प्रभु तुम्हरौ भरोसौ, लाज करौ किन नामहिं॥

॥ 325 ॥

द्विज कहियौं हरि कौं समुझाइ।
सकत सृगाल सिंह कौ भोजन, दुरबल देखि छीनि कै खाइ ॥
काहे कौं नेम धर्म ब्रत कीन्हौ, माघ मास जल सीत अन्हाइ।
परमिति गए लाज तुमहीं कौं, हंस कौ भाग काग लै जाइ ॥
वै कहियत हैं चतुर सिरोमनि, सबके ठाकुर जादौराइ।
सूरदास प्रभु बेगि न आवहु, प्रान गए कह लैहौ आइ ॥

॥ 326 ॥

देखहिं दौरि द्वारिकाबासी।
सुनत सकल रिपु जीति रुकमिनी, लै आए जदुपति अविनासी ॥
नगर निकट रथ आनि अगमने, राजत रुचिर रूप दोउ रासी।
प्रभु पाछैं बैठी श्री सोभित, जनु घन मैं चंद्रिका प्रकासी ॥
लेत बलाइ करत न्यौछावरि, बलि भुज दंड कितक अरि त्रासी।
नर नारिनि के नैन निरखि भए, चातकि रितु बरषा की प्यासी ॥
सजि आरती कलस लै धाईं, चीन्हि परति कुलबधू न दासी।
देस देस भयौ रहत सूर प्रभु, जरासंध सिसुपाल की हाँसी ॥

॥ 327 ॥

आवहु री मिलि मंगल गावहु।
हरि रुकमिनी लिए आवत हैं, यह आनंद जदुकुलहिं सुनावहु ॥
बाँधहु बंदनवार मनोहर, कनक कलस भरि नीर धरावहु।
दधि अच्छत फल फूल परमरुचि, आँगन चंदन चौक पुरावहु ॥
कदली जूथ अनूप किसल दल, सुरंग सुमन लै मंडल छावहु।
हरद दूब केसर मग छिरकहु, भेरी मृदंग निसान बजावहु ॥
जरासंध सिसुपाल नृपति तैं, जीते हैं उठि अरध चढ़ावहु।
बल समेत तन कुसल सूर प्रभु, आए हैं आरती बनावहु ॥

॥ 328 ॥

कहि न सकति सकुचति इक बात।
केतिक दूरि द्वारिका नगरी, क्यौं नाहीं जदुपति लौं जात॥
जाके सखा स्याम सुंदर से, श्रीपति सकल सुखनि के दात।
तिनहिं अछत तुम अपने आलस, काहैं कत रहत कृस गात॥
कहियत परम उदार कृपानिधि, अंतरजामी त्रिभुवन तात।
सर्बस देत रीझि भक्तनि कौं, रुचि मानत तुलसी के पात॥
छाँड़ौं सकुच बाँधि पट तंदुल, सूरज समैं चलौ उठि प्रात।
लोचन सफल करौ पिय अपने हरि, मुख कमल देखि विकसात॥

॥ 329 ॥

दूरहिं तै देख्यौ बलवीर।
अपने बालसखा जु सुदामा, मलिन बसन अरु छीन सरीर॥
पौढ़े हे परजंक परम रुचि, रुकमिनि चौंर डुलावति तीर।
उठि अकुलाइ अगमने लीन्हें, मिलत नैन भरि आए नीर॥
निज आसन बैठारि स्याम घन, पूछी कुसल कह्यौ मति धीर।
ल्याए हौ सु देहु किन हमकौं, कहा दुरावन लागे चीर॥
दरस परस हम भए सभागे, रही न मन मैं एकहु पीर।
सूर सुमति तंदुल चाबत ही, कर पकर्‍यौ कमला भई धीर॥

॥ 330 ॥

गुरु गृह हम जब बन कौं जात।
तोरत हमरे बदलैं लकरी, सहि सब दुख निज गात॥
एक दिवस बरषा भई बन मैं, रहि गए ताहिं ठौर।
इनकी कृपा भयौ नहिं मोहिं स्रम, गुरु आए भए भोर॥
सो दिन मोहिं बिसरत न सुदामा, जो कीन्हौ उपकार।
प्रति उपकार कहा करौं सूरज, भाषत आप मुरार॥

॥ 331 ॥

वह सुधि आवत तोहिं सुदामा।
जब हम तुम बन गए लकरियनि, पठये गुरु की भामा ॥
चपल समीर भयौ तिहिं रजनी, भींजे चारौ जामा।
काँपत हृदय बचन नहिं आवत, आए सत्वर धामा ॥
तबहिं असीस दई परसन ह्वै, सकल होहु तुम कामा।
सूरदास प्रभु कौ जु मिलन जस, गावत सुर नर नामा ॥

॥ 332 ॥

सुदामा गृह कौं गमन कियौ।
प्रगट बिप्र कौं कछु न जनायौ, मन मैं बहुत दियौ।
वेई चीर कुचील वहै बिधि, मोकौं कहा भयौ।
धरिहौं कहा जाइ तिय आगैं, भरि भरि लेत हियौ ॥
सो संतोष मानि मन हीं मन, आदर बहुत लियौ।
सूरदास कीन्हें करनी बिनु, को पतियाइ बियौ ॥

॥ 333 ॥

सुदामा मंदिर देखि डर्‌यौ।
इहाँ हुती मेरी तनक मड़ैया, को नृप आनि छरयौ ॥
सीस धुनै दोऊ कर मींड़ै, अंतर सोच पर्‌यौ।
ठाढ़ी तिया जु मारग जोवै ऊंचे चरन धर्‌यौ ॥
तोहिं आदर्‌यौ त्रिभुवन कौ नायक, अब क्यौं जात फिर्‌यौ।
सूरदास प्रभु की यह लीला, दारिद दुःख हर्‌यौ ॥

॥ 334 ॥

और को जानै रस की रीति।
कहँ हौं दीन कहाँ त्रिभुवनपति, मिले पुरातन प्रीति ॥
चतुरानन तन निमिष न चितवत, इती राज की नीति।

मोसौं बात कही हिरदय की, गए जाहि जुग बीति॥
बिन गोबिंद सकल सुख सुंदरि, ज्यौं भुस पर की भीति।
हौं कह कहौं सूर के प्रभु को, निगम करत हैं क्रीति॥

॥ 335 ॥

रुकमिनि बूझति हैं गोपालहिं।
कहौ बात अपने गोकुल की कितिक प्रीति ब्रजबालहिं॥
तब तुम गाइ चरावन जाते, उर धरते बनमालहिं।
कहा देखि रीझे राधा सौं, सुंदर नैन बिसालहिं॥
इतनी सुनत नैन भरि आए, प्रेम बिबस नंदलालहिं।
सूरदास प्रभु रहे मौन ह्वै, घोष बात जनि चालहिं॥

॥ 336 ॥

रुकमिनि मोहिं ब्रज बिसरत नाहीं।
वह क्रीड़ा वह केलि जमुन तट, सघन जमुन की छाहीं॥
गोप बधुनि की भुजा कंध धरि, बिहरत कुंजनि माहीं।
और विनोद कहाँ लगि बरनौं, बरनत बरनि न जाहीं॥
जद्यपि सुख निधान द्वारावति, गोकुल के सम नाहीं।
सूरदास घनस्याम मनोहर, सुमिरि सुमिरि पछिताहीं॥

॥ 337 ॥

रुकमिनि चलौ जन्म भूमि जाहिं।
जद्यपि तुम्हरौ बिभव द्वारिका, मथुरा कैं सम नाहिं॥
जमुना कैं तट गाइ चरावत, अमृत जल अँचवाहिं।
कुंज केलि अरु भुजा कंध धरि, सीतल द्रुम की छाँहि॥
सरस सुगंध मंद मलयानिल, बिहरत कुंजन माँहिं।
जो क्रीड़ा श्री बृंदावन मैं, तिहूँ लोक मैं नाहिं॥

सुरभी ग्वाल नंद अरु जसुमति, मम चित तैं न टराहिं।
सूरदास प्रभु चतुर सिरोमनि, तिनकी सेव कराहिं॥

॥ 338 ॥

राधा नैन नीर भरि आए।
कब धौं मिलैं स्याम सुंदर सखि, जदपि निकट हैं आए॥
कहा करौ किहिं भांति जाहुँ अब, पंख नहीं तन पाए।
सूर स्याम सुंदर घन दरसैं, तन के ताप नसाए॥

॥ 339 ॥

माधव या लगि हैं जग जीजत।
जातैं हरि सौं प्रेम पुरातन, बहुरि नयौ करि लीजत॥
कह ह्वाँ तुम जदुनाथ सिंधु तट, कहँ हम गोकुल बासी।
वह बियोग, यह मिलन कहाँ अब, काल चाल औरासी॥
कहँ रवि राहु कहाँ यह अवसर, बिधि संजोग बनायौ।
उहिं उपकार आजु इन नैननि, हरि दरसन सचुपायौ॥
तब अरु अब यह कठिन परम अति, निमिषहुँ पीर न जानी।
सूरदास प्रभु जानि आपने, सबहिनि सौं रुचि मानी॥

॥ 340 ॥

रुकमिनि राधा ऐसैं भेंटी।
जैसैं बहुत दिननि की बिछुरी, एक बाप की बेटी॥
एक सुभाव एक वय दोऊ दोऊ हरि कौं प्यारी।
एक प्रान मन एक दुहुनि को, तन करि दीसति न्यारी॥
निज मंदिर लै गई रुकमिनी, पहुनाई बिधि ठानी।
सूरदास प्रभु तहँ पग धारे, जहँ दोऊ ठकुरानी॥

॥ 341 ॥

राधा माधव भेंट भई।
राधा माधव, माधव राधा, क्रीट भृंग गति ह्वै जु गई॥
माधव राधा के रंग राँचे, राधा माधव रंग रई।
माधव राधा प्रीति निरंतर, रसना करि सो कहि न गई॥
बिहंसि कह्यौ हम तुम नहिं अंतर, यह कहिकै उन ब्रज पठई।
सूरदास प्रभु राधा माधव, ब्रज बिहार नित नई नई॥

❑❑❑